人人都要
学点劳动法

任康磊◎著

人民邮电出版社

北 京

图书在版编目（ＣＩＰ）数据

人人都要学点劳动法 / 任康磊著. -- 北京 : 人民邮电出版社，2024.6
ISBN 978-7-115-63878-6

Ⅰ. ①人… Ⅱ. ①任… Ⅲ. ①劳动法－中国 Ⅳ. ①D922.5

中国国家版本馆CIP数据核字(2024)第053538号

内 容 提 要

作为劳动者，怎能不懂劳动法?

如何用法律智慧周旋博弈?

如何用法律武器维护自身权益?

本书是一本面向广大劳动者的、贴近实际又通俗易懂的劳动法读物。本书解析了108个职场人普遍关心和可能遇到的劳动法问题，从求职面试、办理入职、在职工作、裁员离职、争议维权5大维度全面解读职场人常见的劳动法问题并提供了合法有效的解决方案。

◆ 著　　　　任康磊
责任编辑　徐竞然
责任印制　周昇亮

◆ 人民邮电出版社出版发行　　北京市丰台区成寿寺路 11 号
邮编　100164　电子邮件　315@ptpress.com.cn
网址　https://www.ptpress.com.cn
天津千鹤文化传播有限公司印刷

◆ 开本：880×1230　1/32
印张：7.625　　　　　　　2024 年 6 月第 1 版
字数：149 千字　　　　　　2024 年 6 月天津第 1 次印刷

定价：59.80 元

读者服务热线：**(010)81055296**　印装质量热线：**(010)81055316**
反盗版热线：**(010)81055315**
广告经营许可证：京东市监广登字 20170147 号

前言

你有没有遇到过以下这些情况？

明明是正式员工，却得不到相应的工资或保险待遇。

明明加班了，却因为没走加班流程拿不到加班费。

明明工作很努力，却被说成没有业绩、不胜任工作。

明明是被辞退的，却拿不到经济补偿金或赔偿金。

当下，不少行业都非常需要人才，劳动力市场已经逐渐由用人单位占主导地位转变为劳动者占主导地位。劳动者的择业选择和就业机会越来越多，地位也越来越高。劳动者的维权意识也逐渐加强，劳动争议案件数量呈逐年增长态势，劳动者的申诉率越来越高，胜诉率也越来越高。

虽然不少职场人已经逐渐意识到要用法律武器维护自身的劳动权益，但知道具体该怎么做的人还是少数，大部分人的维权难点主要体现在 3 个方面。

1. 不敢维权

有的职场人觉得自己在用人单位面前是弱势群体，怕维权影响个人职业发展。实际上，劳动者维权并不是要和用人单位"撕破脸"，也并非要与用人单位针锋相对，而是要在合法合规的框架下，实施有效的沟通。

也有的职场人说自己受雇于用人单位，不敢与之沟通。与其说不敢，不如说不会，或者更确切地说，不知道可以从哪些角度与用人单位沟通；不知道如何沟通既可以达到维权目的，又不会和用人单位闹僵。

2. 不会维权

不少职场人对劳动相关的法律法规只是一知半解，不知道在不同场景下，遇到不同问题时，具体应参考哪些法律法规；不知道这些法律法规是如何规定的；不知道如何正确理解并应用法律法规。

"好好工作，平稳退休"是很多职场人的基本诉求。然而不懂法律法规，职场人就不知道用人单位的哪些做法涉嫌违法，不知道如何用法律维护自身合法的劳动权益。

3. 不能维权

有的职场人觉得，证据都在用人单位手里，所以自己不能维权；有的职场人觉得自己还在职，所以不能维权；有的职场人觉得自己有"理亏"之处，所以不能维权。实际上，很多时候职场人不是不能维权，而是不懂法也不会沟通，思维固化。

劳动维权的第一步是沟通协商，而不是对簿公堂。当劳动权益受损时，职场人应首先思考该找谁沟通协商，沟通协商的法律法规依据是什么，以及用什么方式沟通协商。

本书不仅可以普法，还旨在帮助职场人合法合规、合情合理地维护自身劳动权益，解决职场人不敢维权、不会维权和不能维权的问题，帮助职场人发现用人单位哪些做法涉嫌违法，教会职场人用法律思维和沟通智慧与用人单位有效地沟通协商。

本书旨在成为职场人的"法律顾问"，解答职场人关于劳动法律法规的难题，并为职场人提供有效的解决方案。为便于读者快速阅读、理解、记忆并应用，本书采用图解形式呈现。

为给读者呈现更丰富的内容，若相关规定在法律法规中比较明确，本书只提供其出处而不会罗列大量法条。

为方便翻阅，本书内容按三级标题的形式呈现。若职场人因遇到某类具体问题而购买本书，建议从二级标题看起。例如，职场人受加班相关问题困扰，建议查看本书"加班"二级标题下的所有相关问题，从而构建起关于该问题相对完整的认知框架，更好地保护自身的劳动权益。

用人单位同样拥有相应权利，有些职场人所认为的用人单位违法违规的事项可能只是自己的误读。例如，劳动法律法规虽允许劳动者可以与多个用人单位建立劳动关系，但也允许用人单位可不接受员工与多个用人单位建立劳动关系。针对这类职场人容易误读的内容，本书也做了详细说明。

需要特别注意的是，本书并不倡导职场人对用人单位鸡蛋里挑骨头，拿着放大镜找问题；更不希望职场人专门钻法律的空子，恶意对抗用人单位。职场人劳动维权的前提是自身兢兢业业、脚踏实地。

由于法律法规具有时效性，本书内容以书稿完成时最新的法律法规为依据。若法律法规有所变化，可能会带来某些依据或方法的变化，届时请以最新版本为准。特别感谢北京市隆安律师事务所刘兴伟律师对本书进行的专业审校与法律指导，他的帮助让本书成书更加严谨。

祝职场人都能够更好地工作，平稳地退休。

本书若有不足之处，欢迎大家批评指正。

本书特色

1. 内容丰富，实用性强

本书包含 108 个职场常见劳动法相关疑难问题，有上百个关于细节问题的解析，涉及多部法律法规，内容涵盖职场人入职前、在职时和离职后的各个方面，能满足职场人维护自身合法劳动权益的需要。

2. 通俗易懂，快速掌握

本书采用图解形式，通过对法条和方法的细致解构，将复杂问题简单化，并提供工具和方法，方便职场人看得懂、学得会、用得上，帮助职场人快速掌握职场中劳动法律法规相关事项的关键点，让大家有所收获。

3. 立足实践，解析详尽

本书以职场实践中常见的各类问题场景为背景，通过实际问题引出相关法律法规和有针对性的应对策略，经过充分解析，说明法条和方法背后的原理和逻辑，并将其可视化、流程化，让大家不仅知其然，更知其所以然。

任康磊

目录

第 3 章　入职手续办理与登记

第 4 章　在职工作时

第 5 章　辞职与裁员

第6章　劳动争议

关于劳动维权，先要知道什么

很多劳动者非常关心在求职面试、办理入职、在职工作或辞职退休等环节个人权益受到侵害时该如何维权。实际上，虽然不同环节有不同的特征，但劳动维权有通用的方法、流程和逻辑，适用于职场工作的不同环节。第 1 章先介绍劳动维权的基本流程。

1.1　机构与程序

1.1.1　遇到困难时，劳动者可以找哪些机构维权

🔒　问题场景

1 以前我经常和用人单位因出勤、薪酬、休假、五险一金等问题产生分歧，我觉得自身权益受到了侵害，但又不知道怎么维权，只能忍气吞声。

2 这种情况属于劳动争议的范畴，你应该维护自己合法的劳动权益。

（本书作者任康磊）

3 可我该找谁维权呢？劳动者在用人单位面前是弱势的，谁能为我做主，讨回公道呢？

4 能帮劳动者维护合法权益的机构主要有 5 类，分别是劳动争议调解委员会、工会、劳动监察部门、劳动争议仲裁委员会和人民法院。

5 太好了，以后我要维权，就可以向这些机构投诉，是吧？

6 这些机构有不同的功能，它们有的功能是调解，有的是处理投诉，有的是进行仲裁，还有的是受理诉讼，后文会具体介绍。

●　问题拆解　●

　　当劳动者和用人单位因劳动关系的确立、运行和终止等相关事项存在意见分歧或产生争执时，就意味着出现了劳动争议。当劳动者发现用人单位违法违规，或发现自身合法的劳动权益受损时，可以视情况以正确的方式找相关部门维权。

应对策略

劳动争议是指劳动者和用人单位，在执行劳动法律、法规或履行劳动合同过程中，就劳动权利和劳动义务所产生的争议。

《中华人民共和国劳动争议调解仲裁法》

第二条　中华人民共和国境内的用人单位与劳动者发生的下列劳动争议，适用本法：

（一）因确认劳动关系发生的争议；

（二）因订立、履行、变更、解除和终止劳动合同发生的争议；

（三）因除名、辞退和辞职、离职发生的争议；

（四）因工作时间、休息休假、社会保险、福利、培训以及劳动保护发生的争议；

（五）因劳动报酬、工伤医疗费、经济补偿或者赔偿金等发生的争议；

（六）法律、法规规定的其他劳动争议。

劳动者维权相关的 5 类主要机构

劳动争议调解委员会是用人单位内部设立的，由职工代表、用人单位代表和工会代表组成的机构，主任由工会代表担任。劳动者可向劳动争议调解委员会申请调解。可参考《中华人民共和国劳动法》和《中华人民共和国劳动争议调解仲裁法》。

工会是中国共产党领导的职工自愿结合的工人阶级群众组织。中华全国总工会及其各工会组织代表职工的利益，依法维护职工的合法权益。劳动者发现自身权益受损时，可向用人单位或所在地区工会投诉或申请调解。可参考《中华人民共和国工会法》。

劳动保障行政部门实施劳动保障监察，通常设有专门的劳动监察部门或劳动保障监察员，本书统称劳动监察部门。劳动者发现用人单位有违反劳动相关法律法规的行为，可向劳动监察部门投诉或举报。可参考《劳动保障监察条例》和《关于实施〈劳动保障监察条例〉若干规定》。

劳动争议仲裁委员会依法受理劳动争议案件。劳动者与用人单位间发生劳动争议，可向劳动合同履行地或用人单位所在地的劳动争议仲裁委员会申请仲裁或调解。可参考《中华人民共和国劳动争议调解仲裁法》。

人民法院是国家审判机关。劳动争议案件一般由劳动争议仲裁委员会所在地的人民法院受理。劳动者对仲裁裁决不服，可向人民法院提起诉讼。可参考《中华人民共和国民事诉讼法》。

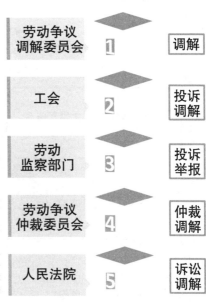

劳动争议调解委员会	1	调解
工会	2	投诉调解
劳动监察部门	3	投诉举报
劳动争议仲裁委员会	4	仲裁调解
人民法院	5	诉讼调解

1.1.2　直接将用人单位告上法庭就正确吗？遇到劳动争议该如何处理

 问题场景

1 那么多机构，看起来好麻烦，遇到劳动争议后我直接去人民法院告用人单位不是更省事吗？

2 不可以，法律明确规定了解决劳动争议的标准程序是先调解，再仲裁，最后才能提起诉讼。

3 为什么不能直接向人民法院提起诉讼呢？

4 这其实是方便和保护劳动者的一种体现，诉讼程序的实施成本和复杂程度高于劳动仲裁。通过劳动仲裁解决劳动争议更高效。

5 那劳动仲裁的结果具备法律效力吗？

6 劳动仲裁结果是具备法律效力的，对劳动争议的当事人具备约束力。如无异议，当事人应遵照劳动仲裁结果执行；如有异议，可以提起诉讼。

● 问题拆解 ●

　　劳动争议案件不同于普通的民事诉讼案件，不能直接走人民法院的诉讼程序。劳动相关的法律法规对劳动争议案件的处理程序有明确的规定。这种设置方便劳动者维权，可以降低劳动者的维权成本，更高效地解决劳动争议。

应对策略

《中华人民共和国劳动法》

第七十七条　用人单位与劳动者发生劳动争议，当事人可以依法申请调解、仲裁、提起诉讼，也可以协商解决。

调解原则适用于仲裁和诉讼程序。

第七十九条　劳动争议发生后，当事人可以向本单位劳动争议调解委员会申请调解；调解不成，当事人一方要求仲裁的，可以向劳动争议仲裁委员会申请仲裁。当事人一方也可以直接向劳动争议仲裁委员会申请仲裁。对仲裁裁决不服的，可以向人民法院提起诉讼。

我国劳动争议的处理程序可以概括为"一调、一裁、两审"。与"一调、一裁、两审"对应的机构分别是：用人单位设立的劳动争议调解委员会、劳动争议仲裁委员会和人民法院。

劳动争议的一调、一裁、两审

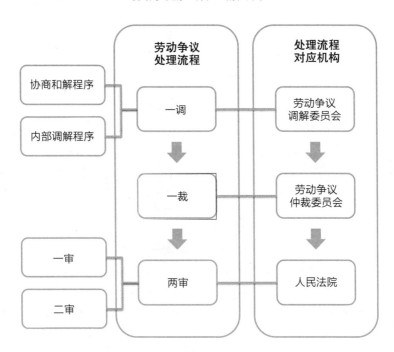

1.2　证据与事实

1.2.1　劳动者感觉被侵害，但搜集不到证据怎么办

🔒 问题场景

1
维权要讲证据，可我是劳动者，很多证据在用人单位手里，我根本接触不到，这样我根本没法维权啊。

2
别担心，那些劳动者理应接触不到、由用人单位掌握的证据，相关部门会要求用人单位提供。

3
那要是用人单位有证据却故意不提供呢？那不还是对我不利吗？

4
应当提供的证据却提供不出，将由用人单位承担不利后果。

5
太好了，那我以后就高枕无忧了，只要发现自身权益被侵犯，就算什么证据都没有也可以维权。

6
不是这样的，理应由劳动者提供的证据，还是要由劳动者提供。如果你发现自身合法劳动权益被侵犯，还是要注意搜集证据。

— 问题拆解 —

　　劳动者和用人单位间的关系决定了双方存在信息不对称。大部分情况下，用人单位掌握着劳动者的考勤、工资、劳动状态等各类数据信息，而劳动者却不掌握。因此在劳动相关法律法规中，并不一定完全遵循"谁主张谁举证"的举证规则，但这并不代表劳动者不需要搜集任何证据。

应对策略

《中华人民共和国劳动争议调解仲裁法》

第六条　发生劳动争议，当事人对自己提出的主张，有责任提供证据。与争议事项有关的证据属于用人单位掌握管理的，用人单位应当提供；用人单位不提供的，应当承担不利后果。

第三十九条　当事人提供的证据经查证属实的，仲裁庭应当将其作为认定事实的根据。

劳动者无法提供由用人单位掌握管理的与仲裁请求有关的证据，仲裁庭可以要求用人单位在指定期限内提供。用人单位在指定期限内不提供的，应当承担不利后果。

"谁主张谁举证"是《中华人民共和国民事诉讼法》规定的一般举证规则，也就是主张对方违法违规的人要拿出相关证据。若无证据，则主张不成立。但因用人单位和劳动者存在管理与被管理关系，双方在信息资料掌握上不对称，所以在劳动相关法律法规中不完全遵循此规则。

但不完全遵循不代表完全不遵循，理应由劳动者提供的证据却无法提供的，劳动者的主张很可能不会得到支持。

劳动者可以搜集的相关证据

影音证据主要有照片、录音、录像等形式，例如相关人员对话的录音证据，相关行为状态的录像证据，相关违法违规或证明劳动者权益受到侵害的照片证据等。

小贴士：劳动者搜集到的所有证据都不能是伪造、剪辑或篡改的。搜集证据不能侵犯别人的隐私或合法权益。影音证据应是原始、客观、连贯的。

影音证据

电子证据

实物证据

实物证据包括一切实体物品，例如用人单位发布的纸质文件，用人单位和劳动者签订的劳动合同，劳动者在用人单位的工作服、工作牌等。

电子证据可包括一切信息或数据，例如用人单位发布的电子版文件，用人单位管理者在社交软件中的对话，用人单位给员工发工资的银行记录等。

1.2.2　用人单位掩盖事实怎么办

🔒 问题场景

1　那些在用人单位手里的证据，用人单位可随意把它们朝对自己有利的方向修改，这样我不还是吃亏吗？

2　用人单位如果对证据做了修改，属于伪造证据，是要承担相应法律责任的。

3　可用人单位偷偷摸摸地修改，谁又知道呢？遇到这种情况该怎么办呢？

4　你可以指出用人单位提供的证据具体在哪些内容上造假，可以直接提供证据，也可以指出其中的矛盾之处或逻辑漏洞。

5　有些情况是我明知道用人单位造假了，但却没有相关证据，也找不出逻辑漏洞，怎么办呢？

6　这种情况你也要提出来，只要你提出了，相关部门就会对该证据的真伪做审查或鉴定，也会从证据链中寻找蛛丝马迹。

● 问题拆解 ●

　　事实大于形式，表面看起来是什么样子不重要，实际是什么样子才重要。假的永远是假的，再怎么包装也真不了。劳动争议仲裁委员会和人民法院并不是通过单一证据来判断事实的，而是通过双方陈述和证据链来判断事实的。证据链中只要有一处存在逻辑漏洞，证据造假行为都可能被发现。

应对策略

《中华人民共和国劳动争议调解仲裁法》

第三条　解决劳动争议，应当根据事实，遵循合法、公正、及时、着重调解的原则，依法保护当事人的合法权益。

劳动者要尊重事实，相信劳动争议仲裁委员会和人民法院，发现用人单位证据造假应勇于指出来。能提供证据则提供证据，不能提供证据可以指出用人单位证据中的漏洞。要相信，违法违规者必将受到法律的制裁。

—————●—— 用人单位常见的 4 种掩盖事实的情况 ——●—————

例如用人单位和劳动者存在事实的劳动关系，却通过签劳务合同伪装成劳务关系；或劳动者事实上是正式员工，用人单位却通过与其签小时工协议将其伪装成小时工，借此逃避为劳动者缴纳社会保险和住房公积金的义务。

例如事实是用人单位要求劳动者加班，却通过不审批加班单、不打卡等方式，将其伪装成劳动者自愿加班；劳动者实际工作 40 小时，用人单位却通过伪造考勤记录，伪装成劳动者仅工作 35 小时，借此给劳动者少发工资。

伪装用工属性

伪装工作时间

伪造各类文书

伪造数据信息

例如用人单位伪造劳动合同；伪造劳动合同附件；与劳动者签订空白劳动合同，当发生劳动争议后，再在空白合同上填写违反当初用人单位和劳动者协商一致的真实意思表示，但有利于用人单位的内容；或临时制定制度文件，假装是之前发布过的。

例如劳动者实际达到工作岗位要求，用人单位却用虚假数据证明劳动者未达到岗位要求，借此解聘劳动者；用人单位实际经营状况良好，却通过财务造假制造经营困难假象，借此实施经济性裁员或解聘。

1.3　沟通与协商

1.3.1　劳动者感觉被侵害，但不敢沟通怎么办

 问题场景

1 以前每次劳动权益受到侵害时，我都选择忍气吞声，因为怕和用人单位闹僵，影响以后的职业发展。

2 你其实不必害怕，劳动力市场支持双向选择，法律保护每个劳动者的合法权益。

3 理论上我当然可以依法维权，但我还是怕，总觉得劳动者是弱势群体，维权可能对自己有不好的影响。

4 依法维权就像走玻璃栈道，你理智上知道应该不会有安全问题，但就是不敢走过去。你别向下看，要向前看，大胆迈出第一步，放心走就可以。

5 那我以后只要劳动权益受到一点儿侵害，就一定要毫不犹豫地维权，不怕和用人单位撕破脸！

6 不不不，维权更需要理智沟通的勇气，而不是鲁莽冲动的脾气。一次好的维权沟通既能让劳动者维护自身合法权益，又能让用人单位不失体面。

问题拆解

　　虽然劳动者受用人单位的管理，但在劳动力市场中，劳动者和用人单位的关系是平等的。遇到劳动争议，劳动者不必恐惧，要勇敢维护自身合法权益。劳动者在合法合规的前提下，在对的时刻用对的方式，与对的对象做对的沟通，就能有效维权或化解劳动争议。

应对策略

《中华人民共和国劳动法》

第三条 劳动者享有平等就业和选择职业的权利、取得劳动报酬的权利、休息休假的权利、获得劳动安全卫生保护的权利、接受职业技能培训的权利、享受社会保险和福利的权利、提请劳动争议处理的权利以及法律规定的其他劳动权利。

劳动者应当完成劳动任务，提高职业技能，执行劳动安全卫生规程，遵守劳动纪律和职业道德。

第四条 用人单位应当依法建立和完善规章制度，保障劳动者享有劳动权利和履行劳动义务。

很多劳动者不敢与用人单位做维权沟通。有的劳动者觉得自己还在职，受雇于用人单位，怕维权影响将来的工作；有的劳动者觉得自己所在城市或行业较小，维权可能被别的用人单位知道。实际上这都是误解了维权沟通。

维权沟通并不是营造一种针锋相对、剑拔弩张的氛围，并不是生硬、刻板、不带任何感情地提出自己的主张，而是心平气和地进行双向信息交流。在维权沟通中，劳动者要依法、客观、平静地向用人单位表达自身诉求。

劳动者与用人单位进行维权沟通的 4 个关键

维权沟通不宜得理不饶人，更适合"理直气软"。"理直"是因为有合法依据，"气软"是指方式要委婉，要留有余地，得饶人处且饶人。

维权沟通应对事不对人，聚焦在解决具体问题上。不要因自身权益受损产生负面情绪而对用人单位做定性评价，更不要对相关人员的人品做出评判。

理直气软

聚焦问题

态度平和

讲清诉求

唯唯诺诺、卑躬屈膝、低声下气是错误的沟通方式，咄咄逼人、气势汹汹、盛气凌人也是错误的沟通方式。维权沟通的态度应当是不卑不亢、有礼有节。

维权沟通的最终目的是维护自身合法权益，所以劳动者在沟通过程中要讲清楚诉求，讲清楚具体期望用人单位做什么。

1.3.2　维权一定要对簿公堂吗

 问题场景

① 我不喜欢与用人单位沟通，因为我觉得劳动者人微言轻，沟通了也没用，还不如直接对簿公堂，让劳动争议仲裁委员会或人民法院帮我解决问题。

② 对簿公堂是劳动者维权的兜底策略，而不应是一开始就采取的做法。

③ 为什么？我如今已经不怕与用人单位闹僵了！

④ 实际上就算不考虑"人情留一线"的问题，从解决问题的角度看，采取协商或调解的方式维权也效率更高、成本更低。

⑤ 啊？我觉得明明应该是对簿公堂的维权效率更高啊，因为在证据充足、事实明确的情况下，劳动争议仲裁委员会或人民法院很快就能裁决或判决。

⑥ 劳动争议仲裁委员会或人民法院的效率虽高，但你为此花费的时间、精力远多于直接与用人单位协商或调解。

● 问题拆解 ●

　　劳动者维权的第一步应是协商或调解。就算协商或调解无果，劳动者也可以借此判断用人单位的态度、明确自身的诉求、思考表达方式以及证据准备上的不足，以便为对簿公堂做好充分的准备。

应对策略

解决劳动争议，应注重协商，注重调解，而不是一味采取仲裁或诉讼方式。

《中华人民共和国劳动法》

第七十七条　用人单位与劳动者发生劳动争议，当事人可以依法申请调解、仲裁、提起诉讼，也可以协商解决。

调解原则适用于仲裁和诉讼程序。

《中华人民共和国劳动争议调解仲裁法》

第三条　解决劳动争议，应当根据事实，遵循合法、公正、及时、着重调解的原则，依法保护当事人的合法权益。

《中华人民共和国民事诉讼法》

第九条　人民法院审理民事案件，应当根据自愿和合法的原则进行调解；调解不成的，应当及时判决。

劳动者通过协商或调解维权的 4 个好处

无论是对簿公堂还是协商调解，劳动者都免不了要厘清自身哪些权益受损，都免不了要表达诉求。如果对簿公堂，可能要经过仲裁、一审、二审，需要反复多次表达诉求；如果协商调解能解决问题，仅需进行一次，效率更高。

如果对簿公堂，劳动者免不了要多方搜集证据，免不了要花费更多时间和精力，维权成本更高。而且对簿公堂可能增加用人单位的成本，就算判劳动者赢了，用人单位也可能拖延执行。

提高维权效率

减少维权成本

善意表达原谅

维护良好关系

有时候用人单位并不是有意损害劳动者权益的。用人单位管理层可能主观上是尊重劳动者合法权益的。这种情况何不通过协商调解，善意表达原谅呢？

有时候劳动者维权后，还希望在用人单位继续工作。在这种情况下，劳动者为长远发展考虑，更适合通过协商和调解来解决问题。

第 2 章

求职与面试

劳动法律法规对劳动者合法权益的保护是从求职与面试环节开始的。在求职与面试过程中，用人单位对劳动者合法权益的侵害主要体现在侵犯劳动者的知情权、存在就业歧视、构成虚假招聘、违法进行背景调查、录用通知不规范、入职前收取押金等方面。

2.1 面试

2.1.1 求职者在面试时有权知道什么

问题场景

①有一次去面试，面试官问我问题时我一一作答。最后我想问面试官一些岗位情况，面试官却很不耐烦，说录不录用我还不一定，拒绝回答。真气人！

②用人单位这样做是涉嫌违法的。劳动者在求职时，用人单位和劳动者彼此都有告知义务，并不是只有劳动者有如实说明自身情况的义务。

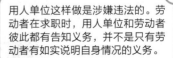

③你说的"义务"这个词很有意思，什么是义务？用人单位为什么会有告知义务呢？

④义务是一种制约或责任，表明该做什么或不该做什么。义务和权利是对应的，也是对等的。权利是某种行为自由或保障。想要获得某种权利，就要承担某种义务。

⑤原来如此，我总觉得劳动者在用人单位面前是弱势群体，有问题只知道抱怨或自己生闷气，没想到我也是享有某些权利的。

⑥当然，用人单位和劳动者都有相应的权利和义务。你应聘时履行了告知义务，用人单位也应履行告知义务，不然就是侵犯了你的权利。

问题拆解

　　权利义务对等是我国各类法律法规的基本法理，在与劳动相关的法律法规中也不例外。用人单位为招募人才，想获知劳动者基本情况时，不希望劳动者有所隐瞒；同样，用人单位也应把招聘岗位的基本情况清楚地告知劳动者，不能隐瞒。

应对策略

在求职面试时，用人单位有告知义务，劳动者也有说明义务。

《中华人民共和国劳动合同法》

第八条 用人单位招用劳动者时，应当如实告知劳动者工作内容、工作条件、工作地点、职业危害、安全生产状况、劳动报酬，以及劳动者要求了解的其他情况；用人单位有权了解劳动者与劳动合同直接相关的基本情况，劳动者应当如实说明。

这一法律条文体现了用人单位和劳动者在知情权上的权利义务对等关系，明确规定了用人单位在招聘时有告知劳动者相关情况的义务。实际上，无论劳动者是否提出知悉要求，用人单位都应自觉、如实告知劳动者相关岗位的情况。

劳动者在求职面试时如果发现用人单位拒绝如实告知岗位情况，可以持录音或录像证据向当地劳动监察部门投诉。

劳动法律法规中的权利义务关系

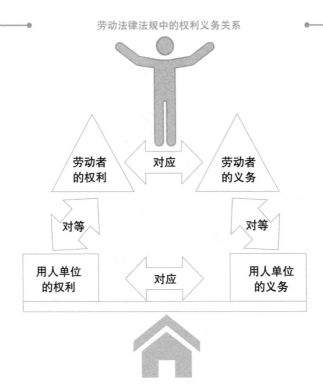

2.1.2　如何防止简历信息被泄露

 问题场景

1 我以前接到过一家企业的电话，问我是不是在找工作，可我明明没向那家企业投过简历，他们怎么知道我的联系方式呢？

2 你一方面可以检查一下有没有在求职网站上对个人简历做隐私设置，另一方面可以想想有没有给别的企业投过简历。

3 我没在求职网站上对个人简历做过隐私设置，也给别的企业投过简历。这两种情况会导致我的简历信息泄露吗？

4 是的，对于第一种情况，你的简历可在求职网站上被其他企业搜到；对于第二种情况，可能是你的简历被某企业转卖了，也可能是被求职网站的工作人员违法贩卖了。

5 这些情况都违法吧？我该怎么维权呢？

6 第一种情况不违法，第二种情况违法。你可在查明情况后向劳动监察部门投诉，也可向公安机关报警立案。若是求职网站的问题，你可以直接提起民事诉讼。

● 问题拆解 ●

　　任何组织未经劳动者本人同意不得传播或转卖劳动者的简历信息。不过，若是劳动者未主动在求职网站上做简历隐私设置，使得简历被用人单位正常搜到，这种情况是不违法的。在证据充分，侵犯个人隐私的违法行为对个人造成损失的情况下，个人是可以向公安机关报案或直接向人民法院提起诉讼的。

 应对策略

　　劳动者的简历信息属于个人隐私，用人单位和人力资源服务机构对劳动者的简历信息有保密义务。

　　《中华人民共和国民法典》

　　第一千零三十四条　自然人的个人信息受法律保护。

　　个人信息是以电子或者其他方式记录的能够单独或者与其他信息结合识别特定自然人的各种信息，包括自然人的姓名、出生日期、身份证件号码、生物识别信息、住址、电话号码、电子邮箱、健康信息、行踪信息等。

　　个人信息中的私密信息，适用有关隐私权的规定；没有规定的，适用有关个人信息保护的规定。

　　《中华人民共和国个人信息保护法》

　　第十条　任何组织、个人不得非法收集、使用、加工、传输他人个人信息，不得非法买卖、提供或者公开他人个人信息；不得从事危害国家安全、公共利益的个人信息处理活动。

　　第二十五条　个人信息处理者不得公开其处理的个人信息，取得个人单独同意的除外。

　　《就业服务与就业管理规定》

　　第十三条　用人单位应当对劳动者的个人资料予以保密。公开劳动者的个人资料信息和使用劳动者的技术、智力成果，须经劳动者本人书面同意。

防止简历信息泄露的 4 个关键

设置隐私

劳动者可根据个人需要对求职网站上的个人简历做隐私设置，设置好对谁公开，对谁不公开。这样后一类组织将无法获取劳动者的简历信息。

模糊信息

劳动者在对外展示的简历中可只留联系方式，不呈现其他期望保密的信息，如不呈现工作单位名称，在正式面试时带一份信息详细的纸质简历，并在面试结束后将纸质简历带走。

最少信息

简历中可只出现与岗位相关的关键信息，非必要出现的个人信息可以不在简历中列出，例如身份证号、家庭具体地址、配偶电话等信息。

及时维权

当发现简历信息被泄露后，劳动者可询问对方的获取途径，若是违法获得或拒不告知，劳动者可及时运用法律武器维权，以免损失扩大。

2.1.3　遇到就业歧视怎么办

🔒 问题场景

1 前些日子去一家企业面试行政岗位，面试官问了我很多婚育问题，后来以我是已婚女性马上面临生育为由拒绝了我。

2 这是典型的性别歧视，属于就业歧视的一种，《中华人民共和国劳动法》《中华人民共和国就业促进法》《中华人民共和国妇女权益保障法》等法律都有关于就业歧视的相关规定。

3 以后面试官再问我婚育问题，我是不是该隐瞒一下？

4 关于你个人的婚育问题，你不必在意如何作答。实际上，用人单位在面试时询问女性婚育状况就涉嫌违法。

5 那以后面试时再遇到问我婚育问题的情况，我该怎么办呢？

6 先礼貌提醒面试官把关注重点放在自己是否胜任工作上，若面试官还问，你可以另选用人单位或举报投诉。

- 问题拆解 •

　　法律法规明确规定反对就业歧视。性别歧视是就业歧视的一种典型表现。《中华人民共和国宪法》规定中华人民共和国的妇女在政治、经济、文化、社会和家庭中享有与男性平等的权利。劳动相关法律法规也强调了妇女的平等就业问题。

就业歧视是指没有合法目的和客观原因而基于种族、肤色、宗教、政治见解、民族、社会出身、性别、户籍、身体健康状况、年龄、身高、语言等原因，采取区别对待、排斥或给予优惠等任何违反就业平等权的措施侵害劳动者劳动权利的行为。

《中华人民共和国劳动法》

第十二条 劳动者就业，不因民族、种族、性别、宗教信仰不同而受歧视。

《中华人民共和国就业促进法》

第二十六条 用人单位招用人员、职业中介机构从事职业中介活动，应当向劳动者提供平等的就业机会和公平的就业条件，不得实施就业歧视。

《就业服务与就业管理规定》

第二十条 用人单位发布的招用人员简章或招聘广告，不得包含歧视性内容。

需要注意的是，用人单位如果根据自身招聘岗位的实际需要，提出合法的、客观的要求，则不算就业歧视。

●━━━━━━━ **4 种容易被误读为就业歧视的情况** ━━━━━━━●

1. 健康要求

有些岗位依法或客观上对从业者健康状况有要求的，不算就业歧视。例如《中华人民共和国就业促进法》第三十条规定，用人单位招用人员，不得以是传染病病原携带者为由拒绝录用。但是，经医学鉴定传染病病原携带者在治愈前或者排除传染嫌疑前，不得从事法律、行政法规和国务院卫生行政部门规定禁止从事的易使传染病扩散的工作。

2. 资格要求

有些岗位依法或客观上需要从业者具备某种资格，或提供相关从业资格证书的，不算就业歧视。例如《中华人民共和国安全生产法》第三十条规定，生产经营单位的特种作业人员必须按照国家有关规定经专门的安全作业培训，取得相应资格，方可上岗作业。如电焊工岗位就须持电焊操作证上岗。

3. 资历要求

有些岗位客观上需要从业者具备一定资历的，不算就业歧视。例如某用人单位招聘中层管理者，要求候选人至少具备 5 年以上管理经验；某五星级酒店中餐厅招聘行政主厨，要求候选人至少具备 3 年以上相关经验。

4. 实际需要

有些岗位考虑实际需要和从业实际状况，对性别、身体素质、能力水平等提出要求，不算就业歧视。例如《女职工劳动保护特别规定》中规定了女职工禁忌从事的劳动范围，用人单位在有这些岗位需求时可只招聘男性。

2.1.4　如何识别与防范虚假招聘

 问题场景

1 之前看一家企业招聘行政人员，我投了简历后很快接到了面试通知，结果面试官问了我几个简单的问题后，就说要做行政岗位，先要从销售岗位做起，说这是企业的惯例。

2 这家企业承诺你做多久的销售岗位后，就会将你转到你应聘的行政岗位了吗？

3 面试官说要看情况，不能承诺，要看我在销售岗位上的工作表现，还要看行政岗位有没有空缺。

4 那这家企业不就是打着招聘行政人员的幌子，实际上在招聘销售人员吗？

5 谁说不是呢！我面试完后就感觉自己被欺骗了！浪费我的时间和交通费！这种情况我该如何维权呢？

6 这家企业已构成虚假招聘，你可向劳动监察部门举报或投诉，但需要提供相关证据，例如面试过程中的录音或录像。

● 问题拆解 ●

　　有的用人单位为收集劳动者简历或吸引劳动者面试，会发布虚假招聘信息，这可能会浪费劳动者的时间和金钱，可能会使劳动者失去其他用人单位提供的工作机会，也可能侵害劳动者合法权益。若发现被用人单位的虚假招聘信息欺骗，劳动者可通过举报或投诉维权。

应对策略

　　虚假招聘，是指用人单位虚设岗位、谎报招聘信息、只收简历不面试、面试只走过场、招而不聘等行为。

　　《就业服务与就业管理规定》

　　第十四条　用人单位招用人员不得有下列行为：

　　（一）提供虚假招聘信息，发布虚假招聘广告；

　　（二）扣押被录用人员的居民身份证和其他证件；

　　（三）以担保或者其他名义向劳动者收取财物；

　　（四）招用未满16周岁的未成年人以及国家法律、行政法规规定不得招用的其他人员；

　　（五）招用无合法身份证件的人员；

　　（六）以招用人员为名牟取不正当利益或进行其他违法行动。

　　第六十七条　用人单位违反本规定第十四条第（二）、（三）项规定的，按照劳动合同法第八十四条的规定予以处罚；用人单位违反第十四条第（四）项规定的，按照国家禁止使用童工和其他有关法律、法规的规定予以处罚。用人单位违反第十四条第（一）、（五）、（六）项规定的，由劳动保障行政部门责令改正，并可处以一千元以下的罚款；对当事人造成损害的，应当承担赔偿责任。

　　识别虚假招聘，一方面可以在面试时向面试官充分询问岗位情况，另一方面可以在上岗后验证岗位实际情况与招聘信息是否相符。

　　面对疑似虚假招聘的情况，要注意收集证据。一旦确认为虚假招聘，可以通过向当地的劳动监察部门举报或投诉实施维权。

虚假招聘常见的 4 种情况

用人单位为吸引劳动者面试或上岗，发布虚假岗位待遇。例如岗位实际薪酬是 4000 元 / 月，招聘信息中却说是 6000 元 / 月。

用人单位实际招聘 A 岗位人员，发布的招聘信息中却是 B 岗位。例如，用人单位实际只招聘销售人员，却发布了行政、人事、财务等能收到更多简历的岗位的招聘信息。

用人单位招聘某岗位人员并组织求职者面试，并非因该岗位人员空缺，而是为搜集该岗位的市场信息，借机打探竞争对手的运营情况或探寻某种方法论等。

用人单位并没有真实的岗位招聘需求，虚假发布各类岗位实际上是为了收集简历，用作信息搜集或非法简历买卖。这类岗位标注的薪酬通常明显高于市场水平。

2.2　确认录用

2.2.1　做背景调查可以不经本人同意吗

问题场景

1
之前在职时想换工作，我给一家企业投简历后去面试，没想到 HR 却给我原单位打电话做背景调查，原单位知道了我的离职想法，迫使我不得不离职。

2
你书面同意那家企业的 HR 对你做背景调查了吗？

3
别说书面同意，我连口头同意也没有啊！压根就没人跟我提过要对我做背景调查！难道用人单位做背景调查时都不考虑后果的吗？

4
用人单位不经过本人同意直接做背景调查是涉嫌违法的。

5
以后我再求职，可以拒绝用人单位对我做背景调查吗？

6
可以，如果你明确拒绝且不签字，那用人单位无权私自对你做背景调查。当然，这可能会在一定程度上影响用人单位决定是否要录用你。

问题拆解

　　用人单位有权了解劳动者与求职岗位相关的基本情况，在劳动者签字同意后，可在合法合规的前提下对劳动者实施背景调查。若劳动者未签字同意用人单位对自己实施背景调查，用人单位无权实施。与求职岗位无关的劳动者个人隐私，或劳动者拒不同意被调查的内容，用人单位也无权实施调查。

应对策略

《中华人民共和国劳动合同法》

第八条 用人单位招用劳动者时，应当如实告知劳动者工作内容、工作条件、工作地点、职业危害、安全生产状况、劳动报酬，以及劳动者要求了解的其他情况；用人单位有权了解劳动者与劳动合同直接相关的基本情况，劳动者应当如实说明。

《中华人民共和国个人信息保护法》

第十三条 符合下列情形之一的，个人信息处理者方可处理个人信息：

（一）取得个人的同意；

（二）为订立、履行个人作为一方当事人的合同所必需，或者按照依法制定的劳动规章制度和依法签订的集体合同实施人力资源管理所必需；

（三）为履行法定职责或者法定义务所必需；

（四）为应对突发公共卫生事件，或者紧急情况下为保护自然人的生命健康和财产安全所必需；

（五）为公共利益实施新闻报道、舆论监督等行为，在合理的范围内处理个人信息；

（六）依照本法规定在合理的范围内处理个人自行公开或者其他已经合法公开的个人信息；

（七）法律、行政法规规定的其他情形。

依照本法其他有关规定，处理个人信息应当取得个人同意，但是有前款第二项至第七项规定情形的，不需取得个人同意。

第二十九条 处理敏感个人信息应当取得个人的单独同意；法律、行政法规规定处理敏感个人信息应当取得书面同意的，从其规定。

经劳动者签字确认后，用人单位正常实施背景调查的范围可以涵盖岗位从业相关的各类事项，但不能包括与岗位胜任与否无关的个人隐私信息和劳动者不同意调查的敏感信息。

---- 常见的 3 种背景调查方式及应对方法 ----

用人单位可能联系劳动者的前同事。劳动者可以尝试与用人单位沟通指定联系人，提前说明自己与联系人的关系，并提前与联系人说明情况，让联系人有所准备。

联系同事 **1**
联系单位 **2**
委托调查 **3**

用人单位可能联系劳动者之前单位的 HR 或行政工作人员，可能要求劳动者提供座机号码。如果劳动者还在职，要明确声明不能以联系单位的方式做背景调查。

用人单位可能委托专业的背景调查机构实施背景调查。背景调查机构的调查手法比较多元，劳动者可以提前询问其背景调查的方法并采取应对措施，或提前与用人单位沟通好背景调查的边界。

2.2.2　岗位实际情况与录用通知书上所列内容不符怎么办

🔒 问题场景

1 我以前有一次收到录用通知书，上面写的薪酬是每月 6000 元，结果试用期过后每月工资只有 5000 元左右，从没达到过 6000 元。

2 当初录用通知书上有没有写每月薪酬 6000 元的组成和拿到这些薪酬的条件呢？

3 并没有，当初录用通知书上只写着薪酬 6000 元，并没有写薪酬组成和条件。

4 薪酬有应发和实发之分，如果是应发，实际到手的薪酬要扣除社会保险和住房公积金个人缴纳部分及个人所得税。另外，薪酬还分无责任底薪和绩效奖金。

5 那我以后再收到这样的录用通知书，该怎么办呢？

6 你可以要求用人单位发送一份内容完整、无歧义的录用通知书，或就一些不清楚的问题向用人单位发去邮件，请用人单位给予正式答复。

● 问题拆解 ●

　　劳动者发现岗位实际情况与录用通知书上所列内容不符，有 3 种常见可能：一是用人单位故意欺瞒劳动者，诱骗劳动者入职；二是录用通知书中的信息明确，但劳动者解读有误；三是录用通知书中信息不明确，存在歧义，易被误读。劳动者发现录用通知书中信息存在歧义时，可与用人单位确认。

 应对策略

录用通知书是用人单位准备录用劳动者前，向劳动者发送的关于岗位录用情况的通知，也就是常说的 offer。录用通知书是用人单位的正式文书，构成要约，具有一定的法律效力。

录用通知书在一定程度上履行着用人单位的告知义务。

《中华人民共和国劳动合同法》

第八条　用人单位招用劳动者时，应当如实告知劳动者工作内容、工作条件、工作地点、职业危害、安全生产状况、劳动报酬，以及劳动者要求了解的其他情况；用人单位有权了解劳动者与劳动合同直接相关的基本情况，劳动者应当如实说明。

录用通知书中的信息应当全面、真实、准确。劳动者收到录用通知书后，要关注录用通知书中的关键信息是否全面。

录用通知书中的 4 类关键信息

入职信息应包括计划入职时间、报到时间、报到地点、报到时联系部门、联系人、联系电话、拟签订劳动合同期限及关于试用期的规定。

携带材料指办理入职需准备的材料，一般可能包括身份证、学历证书、学位证书、资质证书、职称证书原件及复印件、一寸照片、近期体检报告、最后任职单位的离职证明等。

岗位信息应当包括用人单位拟聘任候选人的岗位及职位、主要职责、主要权限、主要目标、考核方式、所属部门、汇报对象、下属人数等信息。

待遇信息应包括基本工资、绩效工资、各类福利或补助等。应写清楚工资是应发还是实发，是月薪制还是年薪制，具体如何发；试用期工资待遇；绩效工资发放的具体条件等。

2.2.3 用人单位能撤销发出的录用通知书吗

🔒 问题场景

1 有家企业给我发了录用通知书，我收到录用通知书后向原单位提出离职，结果这家企业跟我说录用通知书取消了。这家企业这样做该违法吧，我该怎么维权呢？

2 这家企业的录用通知书，有没有明确限定你收到录用通知书后，须回复表示确认入职的截止时间？

3 好像有，我当时收到录用通知书后挺开心的，忘记回复了。

4 这家企业并没有违法，因为对方虽然发出了要约，但并没有在规定时间内收到你确认要约的意思表示，对方当然可以收回该要约。

5 要约？什么意思？我不太明白这家企业这么做为什么不算违法。

6 这就好像你去市场买土豆，商家说剩最后一份，10元卖给你，问你要不要。你没回复并且离开了，商家把这份土豆卖给了别人，这合法合规，也合情合理。

● 问题拆解 ●

　　录用通知书虽有一定法律效力，但劳动者收到录用通知书只代表用人单位发出建立劳动关系的意思表示，并不代表劳动关系已达成。若用人单位规定录用通知书成立的某些条件，例如劳动者在某日期前回复，或合法地规定劳动者获得该岗位须具备某条件，但劳动者并未满足该条件，则用人单位有权收回录用通知书。

应对策略

　　录用通知书是用人单位向劳动者发出的要约。所谓要约，一般是指希望和别人订立合同的一种意思表示。

《中华人民共和国民法典》

　　第四百七十二条　要约是希望与他人订立合同的意思表示，该意思表示应当符合下列条件：

　　（一）内容具体确定；

　　（二）表明经受要约人承诺，要约人即受该意思表示约束。

　　第四百七十五条　要约可以撤回。要约的撤回适用本法第一百四十一条的规定。

　　第一百四十一条　行为人可以撤回意思表示。撤回意思表示的通知应当在意思表示到达相对人前或者与意思表示同时到达相对人。

　　第四百七十六条　要约可以撤销，但是有下列情形之一的除外：

　　（一）要约人以确定承诺期限或者其他形式明示要约不可撤销；

　　（二）受要约人有理由认为要约是不可撤销的，并已经为履行合同做了合理准备工作。

　　第四百七十七条　撤销要约的意思表示以对话方式作出的，该意思表示的内容应当在受要约人作出承诺之前为受要约人所知道；撤销要约的意思表示以非对话方式作出的，应当在受要约人作出承诺之前到达受要约人。

　　第四百七十八条　有下列情形之一的，要约失效：

　　（一）要约被拒绝；

　　（二）要约被依法撤销；

　　（三）承诺期限届满，受要约人未作出承诺；

　　（四）受要约人对要约的内容作出实质性变更。

　　建议劳动者在收到用人单位的录用通知书，弄清楚录用通知书中的所有意思表示后，确认自己是否满足录用通知书中的前提条件。如果确认自己全部满足，应当在规定时间内回复确认。

关于录用通知书的两点误读

收到不可撤销

代替劳动合同

用人单位发出的录用通知书并不是"泼出去的水"，假如用人单位在录用通知书中明确规定要约成立的前提条件，则前提条件满足后，要约才能成立。

录用通知书不能代替劳动合同。录用通知书是一种要约，是一种建立劳动关系的意思表示；而劳动合同是正式明确双方权利和义务的协议，代表正式确立劳动关系。

2.2.4　用人单位不发未录用通知书怎么办

 问题场景

1 有时我参加完面试，面试官说回去等通知，好一点儿的会给个等待期限，但有的连等待期限也不给。结果很久都没消息，我才知道自己没被录取。

2 很多用人单位就是不发未录用通知书的，据我了解这是一种普遍情况。

3 法律法规就没有这方面要求吗？用人单位如果没录用我，是不是该发一份正式的未录用通知书呢？

4 法律法规并没有这方面要求，要不要对未录用人群发未录用通知书，主要还是看用人单位自身。

5 那我面试后只能被动地苦苦等待吗？这样没有结果的等待会影响我面试别的岗位。

6 你可以在面试时问清楚用人单位通知的期限，做到心中有数，也可以主动联系用人单位询问面试结果，也好为自己寻求别的工作机会做好安排。

---◆ 问题拆解 ◆---

　　用人单位向劳动者发送未录用通知书并不是一种法定义务，而是用人单位的内部流程。有不少用人单位并没有发送未录用通知书的习惯，劳动者不必据此指责用人单位。如果想知道自己是否被录用，劳动者可以提前主动询问用人单位发送录用通知书的时间，或在面试后打电话询问用人单位面试结果。

应对策略

　　未录用通知书是用人单位在综合评估劳动者的情况后，不准备录用劳动者，而向劳动者发送的关于不录用劳动者的通知。与录用通知书类似，未录用通知书也是用人单位的正式文书，具有一定的法律效力。

　　有的用人单位为了树立良好的口碑，建立良好的雇主品牌形象，会给面试未通过的劳动者发送未录用通知书；有的用人单位会在面试结束后直接告知求职者面试结果；但也有很多用人单位不会在面试结束后告知求职者未被录用。

　　法律法规并没有对未录用通知书做出相关规定，用人单位不发送未录用通知书并不违法违规。劳动者希望用人单位发送未录用通知书，更多是为了方便自己，不应过分指责不发送未录用通知书的用人单位。要想知道自己是否被录用，劳动者可以化被动为主动。

围绕未录用通知书，劳动者能做什么

面试沟通　劳动者可以在面试结束后，向用人单位的面试官问清楚做出岗位录用决策的时间期限。就算无法获取准确时间，也可以获得大致参考时间。

电话询问　在面试结束一段时间后，如果没有接到用人单位的录用通知书，可以致电用人单位，询问自己是否被录用。如果未被录用，也可以一并询问自己未被录用的原因。

同步求职　劳动者不必被动等待用人单位的通知，不必等一个用人单位的面试结果出来后再做另一个用人单位的求职，可以同步进行多个用人单位的求职。

2.3　入职前准备

2.3.1　上一份工作未离职能否办理入职

🔒 问题场景

1　我有一次通过面试后，那家企业因我没跟原单位办完离职手续，拒绝给我办理入职。但法律不是允许劳动者与多个用人单位建立劳动关系吗？

2　法律确实允许劳动者与多个用人单位建立劳动关系，但也允许用人单位规定本单位的劳动者不得与别的用人单位建立劳动关系。

3　可我这种情况严格说起来也不算是兼职，只不过是与原单位的劳动关系还没解除而已，那家企业就不能通融一下先和我签劳动合同吗？

4　用人单位是要为此承担风险的，这种情况不通融也无可厚非。

5　那以后遇到这种情况我该怎么办呢？万一原单位拖着，迟迟不跟我解除劳动关系呢？

6　以后最好尽早和原单位沟通办理离职手续。假如原单位和你保持劳动关系，不为你办理离职手续，它也是有风险的。

• 问题拆解 •

　　法律给予劳动者与多个用人单位建立劳动关系的权利，也给予用人单位不接受本单位劳动者与多个用人单位建立劳动关系的权利。如果劳动者与原用人单位没有解除劳动关系，则代表劳动关系存续，这对新用人单位来说存在诸多用工不便和隐患。

应对策略

法律法规允许劳动者与多个用人单位建立劳动关系，但这种情况在实务中很少出现，因为可能对用人单位不利。

《中华人民共和国劳动合同法》

第三十九条 劳动者有下列情形之一的，用人单位可以解除劳动合同：

（四）劳动者同时与其他用人单位建立劳动关系，对完成本单位的工作任务造成严重影响，或者经用人单位提出，拒不改正的。

《违反〈劳动法〉有关劳动合同规定的赔偿办法》

第六条 用人单位招用尚未解除劳动合同的劳动者，对原用人单位造成经济损失的，除该劳动者承担直接赔偿责任外，该用人单位应当承担连带赔偿责任。其连带赔偿的份额应不低于对原用人单位造成经济损失总额的百分之七十。向原用人单位赔偿下列损失：

（一）对生产、经营和工作造成的直接经济损失；

（二）因获取商业秘密给原用人单位造成的经济损失。

赔偿本条第（二）项规定的损失，按《反不正当竞争法》第二十条的规定执行。

实务中，法律法规保护劳动者的多重劳动关系多出现在劳动者属于非全日制用工（小时工），且劳动者在多个用人单位从事劳动的时间和工作内容不冲突，不影响劳动者正常履行工作职责的情况下。

除全日制用工的情况外，因用人单位要承担各类风险，多数用人单位不允许劳动者与别的用人单位同时建立劳动关系的制度是合法合规的。

用人单位不希望劳动者存在多个劳动关系的 4 个原因

用人单位需为员工缴纳社会保险，但社会保险只能由一个用人单位缴纳，通常是由第一个用人单位缴纳。但如果劳动者隐瞒社会保险缴纳情况，可能会引起关于社会保险缴纳问题的纠纷。

劳动者同时在多个用人单位就职，自身的工作时间必然大大增加，得不到足够时间的休息，工作的专注力和效率都可能受到影响，从而影响工作效果。

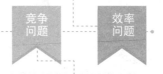

保险问题　工伤问题　竞争问题　效率问题

与保险问题相对应的是发生工伤后可能的争议和风险。如果员工发生工伤，尤其是在上下班途中发生工伤，关于究竟该由哪个用人单位来处理工伤和做工伤赔偿经常出现争议。

如果劳动者所在的多个用人单位间存在竞争关系，则劳动者同时就职可能存在工作泄密风险。若出现泄密问题，劳动者理应赔偿损失，但用人单位的维权成本较高，经常得不偿失。

2.3.2　用人单位可以在劳动者入职时收押金吗

🔒 问题场景

1 我有一次办理入职手续时，企业要求我缴 600 元工装费，说我工作满一年后这些钱能退给我，但我工作半年就离职了，钱也没拿回来。

2 你为什么不主动要回这些钱呢？

3 我觉得我的工作时间没达到企业要求的一年，离职给企业造成了工装上的费用损失，这个钱该由我承担，但我又总觉得哪里不对。

4 首先，用人单位不能以任何名义在劳动者入职时收取押金；其次，用人单位要求穿着的工装应当由用人单位承担费用，而不是劳动者。

5 那这个钱我是不是可以要回来呢？

6 当然可以要回来。如果用人单位拒不支付，你可以依法维权解决。

● 问题拆解 ●

　　用人单位可根据经营管理需要，要求劳动者统一着装，但因此产生的费用应由用人单位承担。用人单位不能将自身经营管理需要支付的费用转嫁给劳动者。另外，用人单位不能以任何名义在劳动者入职时向劳动者收取财物，对于这样做的用人单位，劳动者可通过法律途径追回财物。

应对策略

《中华人民共和国劳动合同法》

第九条　用人单位招用劳动者，不得扣押劳动者的居民身份证和其他证件，不得要求劳动者提供担保或者以其他名义向劳动者收取财物。

第八十四条　用人单位违反本法规定，扣押劳动者居民身份证等证件的，由劳动行政部门责令限期退还劳动者本人，并依照有关法律规定给予处罚。

用人单位违反本法规定，以担保或者其他名义向劳动者收取财物的，由劳动行政部门责令限期退还劳动者本人，并以每人五百元以上二千元以下的标准处以罚款；给劳动者造成损害的，应当承担赔偿责任。

劳动者依法解除或者终止劳动合同，用人单位扣押劳动者档案或者其他物品的，依照前款规定处罚。

●————— 用人单位违法向劳动者收费的 4 种常见类型 —————●

因要求劳动者工作满一定时间向劳动者收费。例如，某销售公司为保证人员稳定，要求销售岗位人员入职时缴纳 1000 元保证金，工作满 12 个月后退还。

因入职需要接受某种培训向劳动者收费。例如，某保洁公司以保洁岗位人员需具备卫生打扫技能为由组织培训，在劳动者入职前收取 800 元 / 人的培训费。

因岗位需要的劳动保护用品向劳动者收费。例如，某建筑工地以建筑工人需要戴安全帽、穿防砸鞋为由，在劳动者入职前收取 500 元 / 套的劳保费。

因岗位需要穿着的工装、鞋袜、器具等向劳动者收费。例如，某酒店以前台岗位人员需要穿西装、皮鞋为由，在劳动者入职前收取 600 元 / 套的工装费。

2.3.3　体检费用该由谁承担

　问题场景

1
我有一次通过面试后，企业要求我提供体检报告。我入职后要求企业承担我的体检费用，企业却拒不承担。这种情况企业违法吗？

2
还真不一定，法律对员工入职前的体检费用该由谁来承担并没有明文规定。

3
啊？这个道理不是应该跟用人单位要求我穿工装一样吗？体检也是用人单位要求的，体检费用当然应该也由用人单位承担啊。

4
道理并不一样。劳动者的健康状况可以作为用人单位是否录用劳动者的参考要素之一，结果良好的体检报告是劳动者有资格获得岗位的证明之一。

5
那也就是说所有的体检费用都应该由劳动者承担？

6
也不是。劳动者入职后或被确认录用后的体检费用应由用人单位承担，入职前的体检费用可以由劳动者承担，也可以由用人单位承担。

● 问题拆解 ●

　　体检费用与上一小节中提到的劳动者入职前用人单位变相收取的工装费、劳保费等各类押金费用的性质有所不同。劳动者入职前的体检费用并不一定该由用人单位承担，就算用人单位认为该费用该由劳动者承担也是合法的。

应对策略

体检报告或健康证明可以作为用人单位决定是否录用劳动者的参考要素之一，是类似身份证、学历证书、资质证书等的存在。法律明确规定了劳动者入职后的体检费用应当由用人单位承担，对入职前的体检费用该由谁承担并没有明文规定，要视情况而定。

《就业服务与就业管理规定》

第七条 劳动者求职时，应当如实向公共就业服务机构或职业中介机构、用人单位提供个人基本情况以及与应聘岗位直接相关的知识技能、工作经历、就业现状等情况，并出示相关证明。

《中华人民共和国劳动法》

第五十四条 用人单位必须为劳动者提供符合国家规定的劳动安全卫生条件和必要的劳动防护用品，对从事有职业危害作业的劳动者应当定期进行健康检查。

—— 体检费用的 3 种情况 ——

用人单位在劳动者入职前要求劳动者提供体检报告的，体检费用可以由劳动者承担，也可以由用人单位承担。如果体检费用由用人单位承担，在实务中一般是由劳动者先行垫付，劳动者入职一段时间后，用人单位给予报销。

小贴士：办理健康证或类似证书的费用该由谁承担同理。

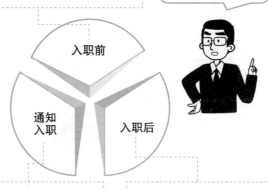

入职前

通知入职

入职后

用人单位如果已经明确通知劳动者入职，例如已经向劳动者发送录用通知书，并要求劳动者参加体检，体检费用一般应当由用人单位承担。

劳动者被用人单位录用后，用人单位要求劳动者体检，或用人单位定期组织劳动者实施例行体检的，体检费用应当由用人单位来承担。

2.3.4 哪些资料不全可能影响入职

 问题场景

1
我有个资格证书弄丢了，会不会影响我办理入职啊？

2
可能会，也可能不会，取决于是什么资格证书，以及这个证书对岗位履职的必要性。

3
真会有用人单位那么没人情味吗？就不能通融一下吗？

4
如果用人单位事先已明确表示这个资格证书是岗位招聘的必要条件之一，且该条件合法合规，用人单位因此拒绝为你办理入职，也是合法的。

5
我的这个资格证书虽然原件丢了，但在网上可以查到，只要补办，不久后就能拿到。这种情况下办理入职应该没问题吧？

6
如果不是法定必须持证上岗的岗位的资格证书，你可以诚恳地与用人单位协商，或在入职时写一份声明或保证书，用人单位大概率是会同意的。

● 问题拆解 ●

　　用人单位因劳动者入职资料不全拒绝与劳动者建立劳动关系是合法的。尤其是特殊岗位，例如电焊工，法律明确规定必须持证上岗，如果劳动者没有证书又无确切证据证明证书丢失正在补办，用人单位完全有理由拒绝录用劳动者。

应对策略

　　用人单位可以在法律允许的框架内对劳动者办理入职需要携带的物品做出规定。这些物品可以作为劳动者入职的必要条件，通常会被写入录用通知书中。假如劳动者无法提供这些物品，则用人单位可以拒绝与劳动者建立劳动关系。

　　至于什么是用人单位岗位要求的合法框架，劳动者不仅要参考前文提到的健康要求、资格要求、资历要求、实际需要 4 个维度，还要考虑用人单位办理入职的需要，以及用人单位与自身建立劳动关系的需要。

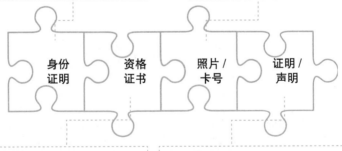

除体检报告 / 健康证明外，
劳动者入职通常需准备的 4 类资料

身份证明方面，劳动者一般需要提供身份证的原件，有的用人单位还可能要求劳动者提供居民户簿原件。用人单位一般要存档复印件。

用人单位可能需要劳动者提供个人照片，以及作为工资卡的银行卡卡号。

身份证明　资格证书　照片/卡号　证明/声明

用人单位可能需要劳动者提供学历证书、学位证书、职称证书等各类资格证书。资格证书丢失或还没有正式拿到手都可能影响入职。

用人单位可能需要劳动者提供前单位的离职证明，以免出现双重劳动关系。有的用人单位还可能要求劳动者到户籍所在地派出所开具无犯罪记录证明，但如今公安机关一般不对个人开具此类证明，所以一般用声明代替。此外，劳动者还需要签署与别的单位不存在劳动关系、约定保密、竞业限制期、培训服务期等方面的声明。

第 **3** 章

入职手续办理与登记

　　在正式上班前，用人单位会给劳动者办理入职。在办理入职的过程中，用人单位有可能出现的，对劳动者合法权益的侵害主要体现在扣押劳动者证件、泄露劳动者个人信息、强迫劳动者签字、违法签署劳动合同及相关附件、违法设定试用期、伪造用工属性等方面。

3.1　入职登记

3.1.1　证件被用人单位扣押了怎么办

 问题场景

1
我之前在一家企业办完入职手续后，HR 没归还我的职业资格证书，说等我工作满一年后再还给我。

2
这么做已经涉嫌违法，用人单位不能扣押劳动者的证件。

3
这么说以后我要保护好自己的证件，不能随便拿给用人单位。

4
用人单位给劳动者办理入职时要求劳动者提供证件原件，检查证件原件的真伪并备份附件是合法的，但用人单位不能扣押劳动者的证件原件。

5
以前我还遇到过用人单位要用我的证件原件申报某些资质的情况，这种情况下我也最好不要提供证件原件吧？

6
法律只规定用人单位不能"扣押"劳动者的证件，没有规定不能"借用"劳动者的证件。假如要借，保险起见，劳动者可以请用人单位开借据或签协议。

—— 问题拆解 ——

　　法律保护劳动者的物权不受侵害。用人单位无权侵占或扣押劳动者的个人物品，但用人单位有权检查和验证劳动者证件的真实性，也可以留存劳动者必要证件的备份。用人单位如果需要借用劳动者的证件，可以与劳动者协商。劳动者将证件借给用人单位时要注意留下凭证。

应对策略

《中华人民共和国劳动合同法》

第九条　用人单位招用劳动者，不得扣押劳动者的居民身份证和其他证件，不得要求劳动者提供担保或者以其他名义向劳动者收取财物。

第八十四条　用人单位违反本法规定，扣押劳动者居民身份证等证件的，由劳动行政部门责令限期退还劳动者本人，并依照有关法律规定给予处罚。

用人单位违反本法规定，以担保或者其他名义向劳动者收取财物的，由劳动行政部门责令限期退还劳动者本人，并以每人五百元以上二千元以下的标准处以罚款；给劳动者造成损害的，应当承担赔偿责任。

劳动者依法解除或者终止劳动合同，用人单位扣押劳动者档案或者其他物品的，依照前款规定处罚。

《劳动力市场管理规定》

第十条　禁止用人单位招用人员时有下列行为：

（五）扣押被录用人员的身份证等证件。

（注：此处只摘录了适用于本情况的法条部分，并非完整法条，后文同。）

用人单位可以借用劳动者的证件，如必要，可以根据需要保管劳动者证件的备份，但不能扣押劳动者的证件，更不能将劳动者的证件据为己有。经协商，劳动者可将证件借给用人单位使用。

劳动者将证件借给用人单位时的 5 点注意事项

劳动者将证件借给用人单位时要留下凭证。这里的凭证可以是借条，也可以是协议。

凭证中要写清楚用人单位归还证件的截止日期，最好写清楚证件的归还方式。

归还日期

留下凭证

写清内容

规定责任

落实责任

凭证中要写清楚劳动者的证件如果出现丢失、损毁或逾期未归还等情况的违约责任。

凭证中要写清楚用人单位向劳动者所借用证件包含的内容，必要时可以留下照片证据。

凭证中要写清楚用人单位借用劳动者证件的经办人、保管人、使用人或责任人等，相关人员要签字。

3.1.2 填写入职信息时，劳动者有必要填写家庭成员信息吗

🔒 问题场景

1 为什么我之前在填写一家企业的入职登记表时，HR 让我务必留下至少一个家庭成员的联系方式？这不是属于个人隐私吗？HR 凭什么索要这些信息呢？

2 正常情况下，用人单位这样做只是留下紧急联系人的联系方式，主要是担心发生紧急情况时联系不上你。

3 为什么 HR 还要求我留下能收到快递的通信地址呢？这样我的家庭信息企业不就全知道了吗？

4 留下能收到快递的通信地址主要是为了在发生紧急情况时给你寄送某些法律文书，当然也可能是为了给你邮寄礼品。

5 HR 平时不会骚扰我的家人吧？不会把我的隐私泄露出去吧？我可不可以留下一些虚假信息呢？

6 用人单位如果无故骚扰你的家人或将你的个人信息泄露出去，则涉嫌违法，是用人单位不对。但你如果提供虚假信息，就是你不对了。

● 问题拆解 ●

　　用人单位在给劳动者办理入职手续，要求劳动者填写入职登记信息时，除了要求劳动者填写个人职业方面的基本情况，还可能要求劳动者填写至少一位家人的联系方式或有效收件地址。这多是基于正常的员工管理需要，劳动者理应配合。

应对策略

《中华人民共和国劳动合同法》

第八条 用人单位招用劳动者时，应当如实告知劳动者工作内容、工作条件、工作地点、职业危害、安全生产状况、劳动报酬，以及劳动者要求了解的其他情况；用人单位有权了解劳动者与劳动合同直接相关的基本情况，劳动者应当如实说明。

《中华人民共和国刑法》

第二百八十条 伪造、变造、买卖或者盗窃、抢夺、毁灭国家机关的公文、证件、印章的，处三年以下有期徒刑、拘役、管制或者剥夺政治权利，并处罚金；情节严重的，处三年以上十年以下有期徒刑，并处罚金。

伪造公司、企业、事业单位、人民团体的印章的，处三年以下有期徒刑、拘役、管制或者剥夺政治权利，并处罚金。

伪造、变造、买卖居民身份证、护照、社会保障卡、驾驶证等依法可以用于证明身份的证件的，处三年以下有期徒刑、拘役、管制或者剥夺政治权利，并处罚金；情节严重的，处三年以上七年以下有期徒刑，并处罚金。

用人单位一般不会也不该违法使用劳动者的隐私信息。劳动者若有特殊情况不便提供这类信息，可以与用人单位协商，但不应提供虚假信息欺骗用人单位。劳动者如果发现用人单位违法使用这些信息，可以依法维权。

入职信息造假对劳动者的危害

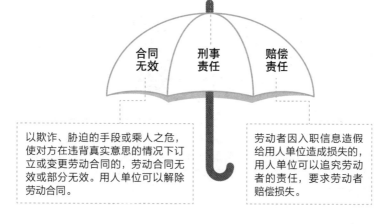

假如劳动者伪造证件的行为触犯《中华人民共和国刑法》，则劳动者可能要承担相应的刑事责任。

合同无效　　刑事责任　　赔偿责任

以欺诈、胁迫的手段或乘人之危，使对方在违背真实意思的情况下订立或变更劳动合同的，劳动合同无效或部分无效。用人单位可以解除劳动合同。

劳动者因入职信息造假给用人单位造成损失的，用人单位可以追究劳动者的责任，要求劳动者赔偿损失。

3.1.3 劳动者该在规章制度知悉证明上签字吗

🔒 问题场景

1 以前有家企业给我办理入职登记前，让我在一份文件上签字，我糊里糊涂地就签字了，签完后才发现那是企业的规章制度。

2 那家企业在让你签字前，有没有组织培训或给你时间看完规章制度？

3 没有，就是直接拿给我一摞文件，翻到最后一页的签字处让我签。

4 用人单位应将规章制度告知劳动者，这样不告知而直接要求劳动者签字的做法涉嫌违法。

5 可是我已经签字了，这样不就代表我已经知道了吗？

6 事实大于形式，你是在不知情的情况下签的字，在知情后是可以反悔的。

● 问题拆解 ●

　　用人单位可以根据生产经营管理的需要制定本单位的规章制度。在劳动者入职前，用人单位应当告知劳动者本单位的规章制度。用人单位如果不告知劳动者本单位的规章制度，或以欺瞒的方式让劳动者做规章制度知悉签字，则涉嫌违法。

应对策略

《中华人民共和国劳动合同法》

第四条　用人单位应当依法建立和完善劳动规章制度，保障劳动者享有劳动权利、履行劳动义务。

用人单位在制定、修改或者决定有关劳动报酬、工作时间、休息休假、劳动安全卫生、保险福利、职工培训、劳动纪律以及劳动定额管理等直接涉及劳动者切身利益的规章制度或者重大事项时，应当经职工代表大会或者全体职工讨论，提出方案和意见，与工会或者职工代表平等协商确定。

在规章制度和重大事项决定实施过程中，工会或者职工认为不适当的，有权向用人单位提出，通过协商予以修改完善。

用人单位应当将直接涉及劳动者切身利益的规章制度和重大事项决定公示，或者告知劳动者。

劳动者在做规章制度知悉签字前要做的 4 件事

对用人单位规章制度中不合法、不合理或自己不理解的内容做标记或记录。

判断自己能否接受用人单位的规章制度，如果不能接受，可以选择不入职；如果能接受，则可以签字。

2. 标记

4. 判断

1. 阅读

3. 询问

劳动者应当通篇阅读用人单位规章制度中的所有内容，做到心中有数。

询问用人单位 HR 规章制度中那些自己不理解的内容，要求其做出详细解释，可以对询问过程进行录音或录像。

3.1.4 劳动者发现用人单位的规章制度有不合理之处怎么办

🔒 问题场景

1 如果我发现用人单位的规章制度有不合理之处，该怎么办呢？

2 你说的不合理之处是违反法律法规、没有平衡用人单位和劳动者的权利义务关系，还是你个人觉得不合理呢？

3 这些情况好像都有。

4 这些情况的处理方式是不同的，应分开考虑。若规章制度违反法律法规肯定是无效的，若是权利义务不对等的问题则可以沟通协商。

5 那我可以因为规章制度中存在有问题的条款就不遵守整个规章制度吗？

6 不可以，规章制度中有问题的条款可以视为无效条款，但不违法且权利义务对等的正常条款依然可能是有效的。

• 问题拆解 •

用人单位的规章制度如果违反法律法规，则可视为无效，且必须改正；如果体现出劳资双方（用人单位和劳动者）权利义务关系的不对等，则可以视具体情况协商修改。规章制度中有问题的条款并不影响正常条款的有效性。

应对策略

《中华人民共和国劳动法》

第八十九条　用人单位制定的劳动规章制度违反法律、法规规定的，由劳动行政部门给予警告，责令改正；对劳动者造成损害的，应当承担赔偿责任。

《中华人民共和国劳动合同法》

第三十八条　用人单位有下列情形之一的，劳动者可以解除劳动合同：

（四）用人单位的规章制度违反法律、法规的规定，损害劳动者权益的。

用人单位规章制度中常出现的违法条款包括用人单位可以任意规定试用期、转正期、见习期等试用期管理相关的条款，随意调整劳动者的工作地点、岗位、薪酬等变更劳动合同相关的条款，竞业限制超时或无补偿等商业秘密保护相关的条款，任意规定加班费、随意扣工资或年终奖等薪酬管理相关的条款，任意考核或处罚员工等考核惩处相关的条款。

劳动者需注意，除明显违法违规的条款，用人单位规章制度中有些看起来不合理的条款也许是基于经营管理正常需要而存在的，劳动者之所以觉得不合理可能是因为主观情绪。所以对于觉得不合理的条款，劳动者应先沟通，而不是直接下定论。

————————●　劳动者发现用人单位规章制度不合理后的 4 个策略　●————————

如果还没入职，可以选择不入职；如果已入职，可以选择离职。"远离"策略能节省劳动者的时间。

如果劳动者已入职，且想在用人单位继续工作，可找到工会，指出用人单位规章制度中的不合理之处，请工会出面修改。

如果用人单位不合理的规章制度已侵害劳动者权益，劳动者可先向工会或劳动争议调解委员会申请调解，调解不成的可向劳动争议仲裁委员会申请仲裁。

如果规章制度中存在违法内容，且劳动者不准备在用人单位继续工作，可向劳动监察部门举报。

3.2 签订劳动合同

3.2.1 不签劳动合同就没有劳动关系吗

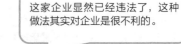 问题场景

1 我以前入职过一家企业，工作 3 个月还不跟我签劳动合同，说等我通过企业的考核后再跟我签劳动合同。

2 这家企业显然已经违法了，这种做法其实对企业是很不利的。

3 我觉得这家企业应该是不想给我缴纳社会保险和住房公积金（以下简称五险一金），为了省钱才这么做的。

4 可不签劳动合同也不能避免给劳动者缴纳五险一金啊，只要双方存在劳动关系，用人单位就不能逃避雇主责任。

5 不签劳动合同不就没法确立劳动关系吗？

6 劳动关系确立与否看的并不是签没签劳动合同（签不签劳动合同只是形式），而是有没有形成劳动关系的实质。

● 问题拆解 ●

　　确立劳动关系并非从劳动者和用人单位签订劳动合同那一刻开始，而是从用工之日开始。用人单位履行给劳动者缴纳五险一金的义务和签不签劳动合同没关系，前者是必选项。如果用人单位不缴纳五险一金，那么劳动者发生工伤，用人单位不仅要承担自己应承担的责任，还要承担原本社会保险机构可以分担的责任。

应对策略

　　用人单位应该第一时间和劳动者签订劳动合同,而不应该故意拖着不签。劳动者发现用人单位不和自己签订劳动合同,也应善意提醒。

　　《中华人民共和国劳动合同法》

　　第十条　建立劳动关系,应当订立书面劳动合同。

　　已建立劳动关系,未同时订立书面劳动合同的,应当自用工之日起一个月内订立书面劳动合同。

　　用人单位与劳动者在用工前订立劳动合同的,劳动关系自用工之日起建立。

　　口头约定的劳动合同是无效的。

　　《关于确立劳动关系有关事项的通知》

　　二、用人单位未与劳动者签订劳动合同,认定双方存在劳动关系时可参照下列凭证:

　　(一)工资支付凭证或记录(职工工资发放花名册)、缴纳各项社会保险费的记录;

　　(二)用人单位向劳动者发放的"工作证"、"服务证"等能够证明身份的证件;

　　(三)劳动者填写的用人单位招工招聘"登记表"、"报名表"等招用记录;

　　(四)考勤记录;

　　(五)其他劳动者的证言等。

　　其中,(一)、(三)、(四)项的有关凭证由用人单位负举证责任。

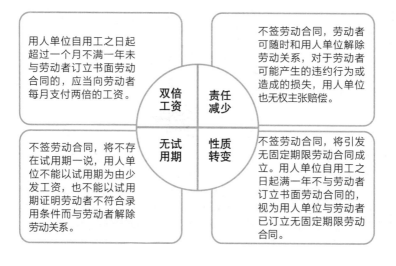

不签劳动合同,
劳动者可以主张的 4 项权利

用人单位自用工之日起超过一个月不满一年未与劳动者订立书面劳动合同的,应当向劳动者每月支付两倍的工资。

双倍工资

责任减少
不签劳动合同,劳动者可随时和用人单位解除劳动关系,对于劳动者可能产生的违约行为或造成的损失,用人单位也无权主张赔偿。

无试用期
不签劳动合同,将不存在试用期一说,用人单位不能以试用期为由少发工资,也不能以试用期证明劳动者不符合录用条件而与劳动者解除劳动关系。

性质转变
不签劳动合同,将引发无固定期限劳动合同成立。用人单位自用工之日起满一年不与劳动者订立书面劳动合同的,视为用人单位与劳动者已订立无固定期限劳动合同。

3.2.2　劳动合同中应该约定什么

 问题场景

1 前用人单位和我签劳动合同时，我发现里面有这样一段内容，大致意思是我同意其不给我缴纳社会保险和住房公积金，当时我稀里糊涂地就签了。

2 这种违法条款属于无效条款，是不具备法律效力的。

3 可是我签字了，现在想起来真后悔。

4 这个跟你签不签字没关系，即使你签字了，这份劳动合同也会被判定为无效。

NO!

5 我以后还是要好好看看劳动合同的内容，不能用人单位让我签什么我就签什么。

6 如今不少用人单位会用当地人力资源和社会保障部门（以下简称人社部门）印发的标准劳动合同，很多人社部门的网站也提供了标准劳动合同范本，你可以要求与用人单位签这类劳动合同。

● 问题拆解 ●

　　签订劳动合同推荐使用当地人社部门提供的统一版本。用人单位可以根据自身需要起草劳动合同，也可以给劳动合同增加一些附件，但用人单位起草的劳动合同及附件不能包含违法内容。在劳动合同中，想要排除劳动者应有的权利或违反法律、法规强制性约定的条款，都属于无效条款。

应对策略

《中华人民共和国劳动合同法》

第十七条 劳动合同应当具备以下条款：

（一）用人单位的名称、住所和法定代表人或者主要负责人；

（二）劳动者的姓名、住址和居民身份证或者其他有效身份证件号码；

（三）劳动合同期限；

（四）工作内容和工作地点；

（五）工作时间和休息休假；

（六）劳动报酬；

（七）社会保险；

（八）劳动保护、劳动条件和职业危害防护；

（九）法律、法规规定应当纳入劳动合同的其他事项。

劳动合同除前款规定的必备条款外，用人单位与劳动者可以约定试用期、培训、保守秘密、补充保险和福利待遇等其他事项。

第二十六条 下列劳动合同无效或者部分无效：

（一）以欺诈、胁迫的手段或者乘人之危，使对方在违背真实意思的情况下订立或者变更劳动合同的；

（二）用人单位免除自己的法定责任、排除劳动者权利的；

（三）违反法律、行政法规强制性规定的。

对劳动合同的无效或者部分无效有争议的，由劳动争议仲裁机构或者人民法院确认。

签订劳动合同前的 4 点检查

检查劳动合同是人社部门提供的统一版本，还是用人单位起草的。如果是人社部门的统一版本，检查是否有缺页、损毁、错印、字迹模糊等情况。

检查劳动合同的条款是否完善，是否包含《中华人民共和国劳动合同法》第十七条中的全部关键项，是否存在用人单位删减或修改的情况。

检查劳动合同中是否有与法律法规相违背的条款，如果有，应及时向用人单位提出并让其删除。

检查除劳动合同的主体外，用人单位增加的劳动合同附件。应重点检查劳动合同附件的合法性以及是否存在一些对劳动者不利的条款。

3.2.3　签劳动合同时可以留空白项吗

🔒 问题场景

1 以前有家企业和我签劳动合同时，只让我在劳动合同的最后一页签字，前面好多项都空着，说以后再填，而且签完的劳动合同也不给我。这样做对吗？会不会对我不利？

2 这样做不仅是不合法的，而且是对你不利的，因为这样用人单位可能会在劳动合同的空白处随便填写，从而损害你的权益。而且签完的劳动合同你应当有一份。

3 原来如此！如果那家企业真这么做了，会怎么样呢？

4 这实际上是在违背劳动者真实意思的情况下订立的劳动合同，会被认为无效或部分无效。

5 这样啊，那我就放心了，那看来我就算签了空白合同也没关系。

6 如果你真的签了空白合同，后续还因此产生了劳动争议，你在维护自身权益时势必要搜集和提供证据，这会增加你的维权成本，为什么不在一开始就把事情做对呢？

● 问题拆解 ●

　　无论是劳动合同中留空白项不填，还是直接签空白合同，都是不合法的。劳动者签了这种合同可能会让自身权益受损。这种情况下维权是比较困难的，因为劳动者想要搜集到对自身有利的证据会比较困难。另外，签完劳动合同后，劳动者手里应当有一份劳动合同。

应对策略

《中华人民共和国劳动法》

第十八条 下列劳动合同无效：

（一）违反法律、行政法规的劳动合同；

（二）采取欺诈、威胁等手段订立的劳动合同。

无效的劳动合同，从订立的时候起，就没有法律约束力。确认劳动合同部分无效的，如果不影响其余部分的效力，其余部分仍然有效。

劳动合同的无效，由劳动争议仲裁委员会或者人民法院确认。

《中华人民共和国劳动合同法》

第十六条 劳动合同由用人单位与劳动者协商一致，并经用人单位与劳动者在劳动合同文本上签字或者盖章生效。

劳动合同文本由用人单位和劳动者各执一份。

劳动合同只要双方签字盖章，就生效了。因此劳动者在签劳动合同前应谨慎，一定不要签空白合同或在劳动合同上留空白项。

劳动合同至少一式两份，若需要到人社部门备案，则至少要签三份，其中劳动者手里应有一份劳动合同原件。

空白合同属于无效合同，等同于用人单位和劳动者没有签劳动合同。劳动者搜集相关证据后，可以向相关部门举报、投诉、申诉，并按未签劳动合同主张权益。

用人单位利用空白合同
损害劳动者权益的 4 种情况

更换主体 劳动者以为自己是和 A 单位签订劳动合同，实际上是和 B 单位签订劳动合同，A 单位以此规避用工风险。

延长期限 用人单位通过延长劳动合同期限，增加劳动者的试用期长度，从而可以在试用期内给劳动者少发工资。

降低薪酬 用人单位写在劳动合同里的薪酬低于入职时谈的薪酬或低于录用通知书中的薪酬，从而给劳动者少发薪酬。

变更岗位 用人单位给劳动者变更岗位，劳动者不同意，从而引起劳动争议时，用人单位可以直接在空白的劳动合同中填写变更后的岗位。

3.2.4　第一次与用人单位签劳动合同时，签得越久越好吗

 问题场景

1 我第一次和用人单位签劳动合同时，应该签几年呢？

2 如果是第一次签固定期限的劳动合同，期限无明确规定，劳动者可以和用人单位协商，一般签1~5年。

3 签的期限越长是不是对我越有利呢？签的期限是不是应该长一些？

4 实际上，第一次和用人单位签劳动合同，签的期限越长对用人单位越有利。

5 啊？为什么呢？我原来以为劳动合同签的期限越长，对我越有利。

6 对用人单位的好处有三：一是可以约定更长的试用期，二是可以减少与劳动者续签劳动合同的工作量，三是可以给劳动者一个长期工作的心理暗示。

—• 问题拆解 •—

　　签订劳动合同的期限主要与签订劳动合同的情境有关。劳动合同的期限分为有固定期限、无固定期限和以完成一定工作任务为期限。如果是用人单位和劳动者第一次签订固定期限的劳动合同，签订期限越长对用人单位越有利。

应对策略

《中华人民共和国劳动合同法》
第十二条 劳动合同分为固定期限劳动合同、无固定期限劳动合同和以完成一定工作任务为期限的劳动合同。
劳动合同具体签几年，要视签订劳动合同的情境而定。如果是第一次建立劳动关系签订劳动合同，劳动合同的期限一般为 1 年、3 年或 5 年。

劳动合同的 3 种形式

固定期限劳动合同，是指用人单位与劳动者约定合同终止时间的劳动合同。这种劳动合同的期限一般以整年为单位。

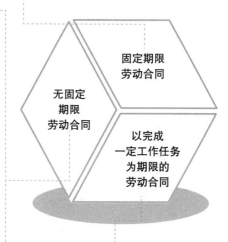

无固定期限劳动合同，是指用人单位与劳动者约定无确定终止时间的劳动合同。
有下列情形之一，劳动者提出或同意续订、订立劳动合同的，除劳动者提出订立固定期限劳动合同，应当订立无固定期限劳动合同：
（一）劳动者在该用人单位连续工作满十年的；
（二）用人单位初次实行劳动合同制度或者国有企业改制重新订立劳动合同时，劳动者在该用人单位连续工作满十年且距法定退休年龄不足十年的；
（三）连续订立二次固定期限劳动合同，且劳动者没有《中华人民共和国劳动合同法》第三十九条和第四十条第一项、第二项规定的情形，续订劳动合同的。
用人单位自用工之日起满一年不与劳动者订立书面劳动合同的，视为用人单位与劳动者已订立无固定期限劳动合同。

以完成一定工作任务为期限的劳动合同，是指用人单位与劳动者约定以某项工作的完成为合同期限的劳动合同。
用人单位与劳动者协商一致，可以订立以完成一定工作任务为期限的劳动合同。

3.2.5 如果用人单位更名，要重新与劳动者签订劳动合同吗

问题场景

1 我有个朋友的用人单位更换名称了，这样用人单位与劳动者的劳动合同是不是就失效了？用人单位是不是就自动取消和劳动者的劳动关系了？

2 并不是，用人单位更换名称，不影响劳动合同的继续履行，原来的劳动合同依然有效。

3 用人单位的名称变了，不需要重新签订劳动合同吗？

4 这种情况可以重新签，也可以不重新签。

5 如果重新签订劳动合同的话，相关条款怎么约定呢？

6 重新签订劳动合同的话，其中的一切约定依然要遵循用人单位和劳动者双方协商一致的原则。当然也可以借此机会做劳动合同的变更。

● 问题拆解 ●

　　用人单位的主体发生变化并不影响劳动合同的继续履行。这时候劳动者可以和用人单位重新签订劳动合同，也可以不重新签。如果重新签订劳动合同，则属于劳动合同的变更，需要用人单位和劳动者协商一致。如果不重新签订，则延续原劳动合同的约定。

应对策略

劳动合同变更是在劳动合同依法订立后，在合同没有履行或履行完毕前的有效时间内进行，也就是在用人单位和劳动者之间还存在劳动合同关系时进行。如果劳动合同还没订立，或已经履行完毕，就不存在劳动合同变更的问题。

《中华人民共和国劳动合同法》

第三十三条　用人单位变更名称、法定代表人、主要负责人或者投资人等事项，不影响劳动合同的履行。

第三十四条　用人单位发生合并或者分立等情况，原劳动合同继续有效，劳动合同由承继其权利和义务的用人单位继续履行。

第三十五条　用人单位与劳动者协商一致，可以变更劳动合同约定的内容。变更劳动合同，应当采用书面形式。

变更后的劳动合同文本由用人单位和劳动者各执一份。

变更劳动合同有两种情况。

第一种情况是自然变更，也就是因为用人单位的名称、法定代表人、投资人等发生变化或用人单位合并、分立等，用人单位主体发生变化，不影响劳动合同继续履行。这种情况可以重新签订劳动合同，也可以自然存续。

第二种情况是协商变更，也就是当初约定劳动合同时的劳动条件发生变化，经用人单位和劳动者协商一致，通过书面形式采取的变更。

变更劳动合同的两大要件

变更劳动合同必须是用人单位和劳动者双方在平等自愿的前提下，协商一致后，合法合规地变更。任何想单方变更劳动合同的行为都是无效的。

协商一致　　书面协议

劳动合同变更最好以书面形式进行，书面协议中要写清楚具体哪些条款变更，且要写清楚劳动合同变更协议的生效日期。协议要生效，必须由用人单位和劳动者双方签字盖章。但这并不是指任何口头形式的变更都是无效的。

根据《最高人民法院关于审理劳动争议案件适用法律问题的解释（一）》第四十三条，用人单位与劳动者协商一致变更劳动合同，虽未采用书面形式，但已经实际履行了口头变更的劳动合同超过一个月，变更后的劳动合同内容不违反法律、行政法规且不违背公序良俗，当事人以未采用书面形式为由主张劳动合同变更无效的，人民法院不予支持。

3.2.6　签署保密协议要注意什么

 问题场景

1　我以前工作的企业签劳动合同时有个附件，是保密协议。那家企业要求所有员工都要签保密协议。

2　签保密协议是为了保守用人单位的商业秘密，应该让掌握商业秘密的员工签。难道那家企业的所有员工都掌握商业秘密吗？

3　肯定不是，应该是那家企业的HR图省事。具体在什么情况下企业可以和员工签保密协议呢？

4　当工作内容涉及技术、经营管理信息或特殊约定的秘密，包括设计、程序、产品配方、工艺、方法、诀窍、客户名单、货源情报、产销策略、招投标中的标底及标书内容等信息时，都可以签。

5　保密协议中约定的保密期限可以有多长呢？

6　法律对保密协议中的保密期限没有具体规定，也就是说保密的期限可以很长，直到这个信息自然被所有人知道。

问题拆解

　　用人单位为保守自身商业秘密，可以和接触该秘密的劳动者签订保密协议。用人单位可以在保密协议中约定不仅在劳动合同存续期间，而且在劳动合同变更、解除、终止后，直至商业秘密公开为止，劳动者都不得披露、使用或许可他人使用该商业秘密。

应对策略

　　保密协议是指协议当事人之间就一方告知另一方的书面或口头信息，约定不得向任何第三方披露该信息的协议。负有保密义务的当事人违反协议约定，将保密信息披露给第三方的，将承担民事责任，严重的甚至要承担刑事责任。

　　《中华人民共和国劳动合同法》

　　第二十三条　用人单位与劳动者可以在劳动合同中约定保守用人单位的商业秘密和与知识产权相关的保密事项。

　　《违反〈劳动法〉有关劳动合同规定的赔偿办法》

　　第五条　劳动者违反劳动合同中约定的保密事项，对用人单位造成经济损失的，按《反不正当竞争法》第二十条的规定支付用人单位赔偿费用。

　　在签订保密协议时，双方既可以在劳动合同中约定保密条款，也可以订立专门的保密协议，作为劳动合同的附件。但不管采用哪种方式，保密协议都应当采取法定的书面形式，并做到条款清晰明白，语言没有歧义。

保密协议中的 4 类关键内容

保密协议要明确保密的对象、范围、内容和期限等，最好列明所有需要保密的内容，否则很容易因约定不明而引发纠纷。

商业秘密的保密主体一般限于涉密岗位劳动者。工作中可能有意或无意获悉商业秘密的劳动者也可列入保密主体范围。

信息范围

保密主体

保密期限

权利义务

保密协议中应明确约定如何使用商业秘密、涉及商业秘密的职务成果归属、涉密文件的保存与销毁方式等内容，有特殊条款的还应以列举方式进行约定。

虽然法律规定劳动者保守秘密的义务不因劳动合同的解除、终止而免除，但由于商业秘密存在过期、被公开或被淘汰的情况，保密协议最好还是约定保密义务的起止时间。

3.2.7　签署竞业限制协议要注意什么

🔒 问题场景

1 除保密协议外，还有一个竞业限制协议也是劳动合同的附件。竞业限制是什么意思？

2 竞业限制就是劳动者在终止或解除劳动合同后，一定期限内不得到生产同类产品、经营同类业务或有竞争关系的其他用人单位任职，也不得自己生产和原单位有竞争关系的同类产品或经营同类业务。

3 那是不是只要用人单位和劳动者签订了竞业限制协议，以后劳动者就别想到用人单位的竞争对手那里工作了，也别想自己做同样的业务了？

4 不是的，法律规定竞业限制协议的期限为两年，这一点与保密协议不同。

5 给劳动者施加竞业限制，那劳动者若不想转行，在竞业限制期限内怎么才能保障收入呢？

6 用人单位在竞业限制期限内要按月给予劳动者经济补偿，不然的话劳动者可以不遵守竞业限制协议。经济补偿的标准由劳资双方协商约定，无约定的，可参考后文介绍的标准。

◆ 问题拆解 ◆

　　竞业限制是有时间限制的，具体时间一般由用人单位和劳动者共同协商确定，但最长不得超过两年。竞业限制协议运行时要做到权利与义务对等，即劳动者遵守竞业限制协议的前提是用人单位给劳动者一定的经济补偿。

应对策略

　　竞业限制协议是用人单位与负有保守用人单位商业秘密的劳动者，在劳动合同、知识产权权利归属协议或技术保密协议中约定的关于竞业限制的协议。

　　《中华人民共和国劳动合同法》

　　第二十三条　用人单位与劳动者可以在劳动合同中约定保守用人单位的商业秘密和与知识产权相关的保密事项。

　　对负有保密义务的劳动者，用人单位可以在劳动合同或者保密协议中与劳动者约定竞业限制条款，并约定在解除或者终止劳动合同后，在竞业限制期限内按月给予劳动者经济补偿。劳动者违反竞业限制约定的，应当按照约定向用人单位支付违约金。

　　第二十四条　竞业限制的人员限于用人单位的高级管理人员、高级技术人员和其他负有保密义务的人员。竞业限制的范围、地域、期限由用人单位与劳动者约定，竞业限制的约定不得违反法律、法规的规定。

　　在解除或者终止劳动合同后，前款规定的人员到与本单位生产或者经营同类产品、从事同类业务的有竞争关系的其他用人单位，或者自己开业生产或者经营同类产品、从事同类业务的竞业限制期限，不得超过二年。

　　《最高人民法院关于审理劳动争议案件适用法律问题的解释（一）》

　　第三十六条　当事人在劳动合同或者保密协议中约定了竞业限制，但未约定解除或者终止劳动合同后给予劳动者经济补偿，劳动者履行了竞业限制义务，要求用人单位按照劳动者在劳动合同解除或者终止前十二个月平均工资的 30% 按月支付经济补偿的，人民法院应予支持。

　　前款规定的月平均工资的 30% 低于劳动合同履行地最低工资标准的，按照劳动合同履行地最低工资标准支付。

● 签署竞业限制协议的 3 类人员 ●

高级管理人员

　　通常包括公司的总裁、总经理、CEO、副总经理、财务负责人、上市公司董事会秘书和公司章程规定的其他人员。

高级技术人员

　　通常包括掌握核心技术的高级研究人员、关键技术开发人员、关键岗位的技术工人等容易接触到相关技术秘密的人员。

其他负有保密义务的人员

　　除高级管理人员和高级技术人员外，其他可能知悉公司商业秘密的人包括高级管理人员的助理、董事会助理、关键岗位人员的秘书、市场销售人员、接触商业秘密的财务会计人员等。

3.2.8　集体合同有什么用

 问题场景

1 劳动合同中没约定的，可以遵循集体合同。但假如用人单位的集体合同是在我入职前签署的，我并没有参与签字，还需要遵循集体合同吗？

2 需要遵循，无论劳动者是签订集体合同前加入的还是签订后加入的，都要遵循用人单位的集体合同。

3 啊？那我岂不是很吃亏？我都没参与集体合同的编制过程，就要去遵守它。

4 所以劳动者在入职前，除了要了解劳动合同，还要了解用人单位集体合同的内容。如果劳动者觉得不适合自己，可以不入职。

5 为什么集体合同可以约束后入职的劳动者呢？

6 因为集体合同是一种集体的契约，其约束对象是用人单位及其内部的全体劳动者，与规章制度类似。

• 问题拆解 •

　　劳动者在求职时，不仅要关注劳动合同的内容，还要关注集体合同的内容。集体合同是一种集体协议，一旦生效，即约束着用人单位及其内部全体劳动者的权利与义务。如果集体合同发生变更，变更后的集体合同同样适用于用人单位及其内部全体劳动者。

应对策略

《中华人民共和国劳动合同法》

第五十一条　企业职工一方与用人单位通过平等协商，可以就劳动报酬、工作时间、休息休假、劳动安全卫生、保险福利等事项订立集体合同。集体合同草案应当提交职工代表大会或者全体职工讨论通过。

集体合同由工会代表企业职工一方与用人单位订立；尚未建立工会的用人单位，由上级工会指导劳动者推举的代表与用人单位订立。

《集体合同规定》

第六条　符合本规定的集体合同或专项集体合同，对用人单位和本单位的全体职工具有法律约束力。

用人单位与职工个人签订的劳动合同约定的劳动条件和劳动报酬等标准，不得低于集体合同或专项集体合同的规定。

第八条　集体协商双方可以就下列多项或某项内容进行集体协商，签订集体合同或专项集体合同：（一）劳动报酬；（二）工作时间；（三）休息休假；（四）劳动安全与卫生；（五）补充保险和福利；（六）女职工和未成年工特殊保护；（七）职业技能培训；（八）劳动合同管理；（九）奖惩；（十）裁员；（十一）集体合同期限；（十二）变更、解除集体合同的程序；（十三）履行集体合同发生争议时的协商处理办法；（十四）违反集体合同的责任；（十五）双方认为应当协商的其他内容。

—————●————————　集体合同的 4 个关键点　————————●—————

集体合同订立后，应报送劳动保障行政部门；劳动保障行政部门自收到集体合同文本之日起 15 日内未提出异议的，集体合同即行生效。

集体合同的效力高于劳动合同，劳动合同规定的职工个人劳动条件和劳动报酬标准，不得低于集体合同的规定。

生效　效力

维权　导向

劳动者因集体合同与用人单位发生劳动争议时的维权方式，与劳动者因劳动合同与用人单位发生劳动争议时的维权方式是一样的。

多数集体合同强调的是用人单位的义务和劳动者的权利。劳动保障行政部门在审批集体合同时也偏向谨慎保守，以维护劳动者合法权益为导向。

3.3 试用期

3.3.1 试用期、实习期、见习期有何不同

🔒 问题场景

1

我以前所在的一家企业有见习期的规定，新员工入职后有一年的见习期，其间只能拿一半的工资。

2

你要注意了！劳动法律法规中规定用人单位可以和劳动者约定试用期，但没有见习期的概念。

3

这个见习期不就是试用期的概念吗？只是叫法不一样吧？

4

不只是叫法的问题，劳动法律法规对试用期有明确的规定，后文会提到。

5

这家企业规定的见习期不只针对新员工。老员工转岗或晋升也要经历见习期，只不过时间短一些，工资也不是一半，而是待转岗位工资标准的 80%，这合法吗？

6

如果待转岗位工资标准的 80% 高于老员工当前岗位工资水平，见习期是基于经营管理岗位过渡实际需要，且写在合法合规通过的规章制度或集体合同中，则是合法的。

◆ 问题拆解 ◆

　　新员工入职时，用人单位可以和劳动者约定试用期，但不能约定类似试用期概念，劳动条件却低于法律规定试用期的过渡期。在法规框架下，用人单位可以根据自身生产经营管理需要设定见习期，但该见习期不同于劳动法律法规中的试用期，属于用人单位内部制度规定的概念。

应对策略

《中华人民共和国劳动法》
第二十一条　劳动合同可以约定试用期。试用期最长不得超过六个月。
第三十二条　有下列情形之一的，劳动者可以随时通知用人单位解除劳动合同：
（一）在试用期内的。

　　试用期是劳动法律法规中唯一明确规定的双向选择的过渡时期。其他类似试用期的实习期、见习期、学徒期等都并非劳动法律法规中的概念。但这并不代表这些概念必然违法或无意义。在不违法违规的前提下，用人单位可根据自身需要定义和使用这些概念。
　　试用期、实习期和见习期最大的不同有 3 点。
　　（1）身份不同。处在试用期和见习期的自然人是劳动者，而处于实习期的人是在校学生。
　　（2）目的不同。设置实习期的目的是让在校学生提高实际工作技能，用人单位也能借此做人才选拔；设置试用期的目的是给劳资双方设置缓冲期；设置见习期的目的是协助人才进行岗位转换，见习期是用人单位为验证人才能力而设置的过渡期。
　　（3）待遇不同。实习期一般按天、周或月给付薪酬，薪酬水平一般比正式岗位员工低，可以按岗位最低工资标准；试用期可以给付正式岗位薪酬的80%；见习期的薪酬标准可根据用人单位规章制度制定，但不得违法违规。

常见"三期"的含义

试用期是劳动法律法规中的标准概念，可以想象成一种适应期，指用人单位确定录用劳动者，劳动者上岗后，一段双方相互了解、双向选择的缓冲期。

试用期

小贴士：有的用人单位有"学徒期"，作为新招用劳动者熟悉业务、提高技能的过程，功能类似"实习期"。这也并非劳动法律法规概念，不能和试用期混为一谈。

实习期

见习期

实习期一般指在校学生未正式毕业，提前到用人单位实际参与工作的这段时间，主要目的是让学生感受用人单位的工作氛围，了解工作场景，为将来工作做准备。

见习期可以理解成考察期或观察期，是用人单位根据经营管理需要自行规定的，通常用来验证劳动者从事新岗位时的能力成长情况。

3.3.2　劳动者想缩短试用期和提高试用期薪酬该怎么办

🔒 问题场景

1 怎样缩短试用期呢？

2 试用期的长短和劳资双方签订劳动合同的期限有关，当然也离不开劳动者和用人单位间的沟通协商。

3 如果劳动合同签订的期限短，是不是以后用人单位和劳动者每签一次劳动合同，就要约定一次试用期呢？

4 当然不是，用人单位只能和劳动者约定一次试用期。

5 试用期的工资应该比正式工作时低吧？

6 不是应该，是可以。试用期工资和正式工作时的工资的关系，可以参考法律规定以及劳资双方的约定。

• 问题拆解 •

　　劳动者和用人单位签订劳动合同时，可以协商约定试用期。虽然法律对试用期的时间和薪酬有相关规定，但劳动者也可以与用人单位协商缩短试用期和提高试用期的薪酬。同一用人单位与同一劳动者只能约定一次试用期，就算劳动者离职后又被返聘，用人单位也不能再与其约定试用期。

应对策略

《中华人民共和国劳动合同法》

第十九条　劳动合同期限三个月以上不满一年的，试用期不得超过一个月；劳动合同期限一年以上不满三年的，试用期不得超过二个月；三年以上固定期限和无固定期限的劳动合同，试用期不得超过六个月。

同一用人单位与同一劳动者只能约定一次试用期。

以完成一定工作任务为期限的劳动合同或者劳动合同期限不满三个月的，不得约定试用期。

试用期包含在劳动合同期限内。劳动合同仅约定试用期的，试用期不成立，该期限为劳动合同期限。

第二十条　劳动者在试用期的工资不得低于本单位相同岗位最低档工资或者劳动合同约定工资的百分之八十，并不得低于用人单位所在地的最低工资标准。

需要注意的是，法律对试用期和薪酬待遇的规定只是设定了边界，这并不是说用人单位必须按照这个边界来执行。

劳动者要想缩短试用期和提高试用期的薪酬，可以在入职时与用人单位协商，并在劳动合同中做书面约定。甚至试用期本身，也不是必须存在的。如果条件允许，劳动者可以大胆尝试和用人单位沟通不设置试用期。

关于试用期的 3 个关键点

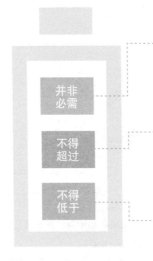

试用期并不是必然存在的，对刚与之建立劳动关系的劳动者，用人单位可以与其约定试用期，也可以不约定。

法律对试用期时间只是规定了劳动合同为一定年限时不得超过一定时间，用人单位并不一定要按照这个标准设置试用期时间。

与关于试用期时间规定中的"不得超过"类似，试用期工资的规定是"不得低于"80%，而不是必须按照 80% 这一标准来给付工资。

3.3.3　试用期考核不合格怎么办

🔒 问题场景

1 我听说用人单位可以在试用期随意和劳动者解除劳动合同。

2 解除劳动关系并不能随意进行，用人单位要提供能够证明劳动者不符合录用条件的证据，而且要向劳动者说明理由。

3 以前有家企业在我试用期结束后将我辞退了，也没说明原因，我当时还觉得是自己有问题。

4 对试用期内不符合录用条件的劳动者，用人单位可以与他解除劳动合同。若超过试用期，则用人单位不能以试用期内不符合录用条件为由解除劳动合同。

5 那家企业的 HR 说我没达到岗位的考核条件，但我入职和试用期间也没人跟我说过岗位的考核条件，而且到我离职时 HR 也没说清楚考核条件具体是什么。

6 用人单位如果不能说清楚你试用期间不符合岗位录用条件的理由就解除劳动合同，则涉嫌违法。

— 问题拆解 —

　　用人单位可以在试用期内对劳动者进行考核，并将考核结果作为是否正式录用劳动者的参考。但用人单位要事先讲清楚考核条件，要说明考核结果与岗位录用条件之间的关系，还要有确凿的客观证据证明考核结果的真实性，否则不能以试用期考核不合格为由与劳动者解除劳动合同。

应对策略

《中华人民共和国劳动合同法》

第二十一条　在试用期中，除劳动者有本法第三十九条和第四十条第一项、第二项规定的情形外，用人单位不得解除劳动合同。用人单位在试用期解除劳动合同的，应当向劳动者说明理由。

第三十七条　劳动者提前三十日以书面形式通知用人单位，可以解除劳动合同。劳动者在试用期内提前三日通知用人单位，可以解除劳动合同。

第三十九条　劳动者有下列情形之一的，用人单位可以解除劳动合同：

（一）在试用期间被证明不符合录用条件的。

需要注意的是，用人单位不能简单地以劳动者在试用期间考核不合格为由就直接与劳动者解除劳动合同。用人单位如果并没有将录用条件明确告知劳动者，或者没有将录用条件和试用期内的考核结果相关联，而只是说劳动者试用期间考核不合格，则其不能作为试用期解除劳动合同的理由。

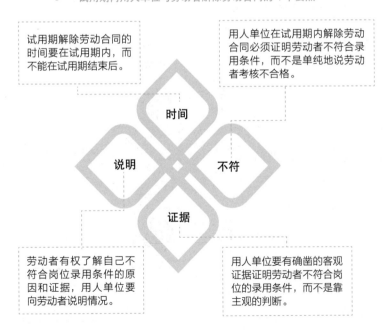

● 试用期内用人单位与劳动者解除劳动合同的 4 个要点 ●

试用期解除劳动合同的时间要在试用期内，而不能在试用期结束后。

用人单位在试用期内解除劳动合同必须证明劳动者不符合录用条件，而不是单纯地说劳动者考核不合格。

时间

说明　　**不符**

证据

劳动者有权了解自己不符合岗位录用条件的原因和证据，用人单位要向劳动者说明情况。

用人单位要有确凿的客观证据证明劳动者不符合岗位的录用条件，而不是靠主观的判断。

3.4　用工属性判定

3.4.1　劳务关系和劳动关系有什么不同

 问题场景

1 以前有家企业在我入职时和我签劳务合同，我没注意就签了。后来企业不给我缴纳五险一金，我找 HR 理论。HR 说我们是劳务关系，不是劳动关系。

2 你要不要受该企业管理？要不要遵守企业的各项规章制度？要不要按照该企业的规定出勤呢？你是不是在该企业安排的岗位上工作呢？

3 当然是啊，因为我就是那家企业的正式员工啊。

4 那你们之间就不是劳务关系，而是劳动关系。用人单位应当为你缴纳五险一金。

5 可我们之间签的是劳务合同，这种情况我该怎么办呢？

6 事实大于形式，你还可以按未签劳动合同来主张维权。具体可见前文未签劳动合同的处理办法。

● 问题拆解 ●

　　用人单位不能为了降低成本、逃避责任，就以名义上的劳务关系来代替实际的劳动关系。就算用人单位和劳动者签订的是劳务合同，但只要存在劳动关系的事实，彼此之间依然属于劳动关系，用人单位依然要按照劳动关系对劳动者承担相应责任。

应对策略

　　劳动关系，是劳动者和用人单位依法签订劳动合同，而在劳动者与用人单位之间产生的法律关系。劳动者接受用人单位的管理，从事用人单位安排的工作，成为用人单位的成员，从用人单位领取劳动报酬并受劳动相关法律法规的保护。

　　劳务关系，是劳动者与用工者根据口头或书面约定，由劳动者向用工者提供一次性或特定的劳动服务，用工者按约定向劳动者支付劳务报酬的一种有偿服务的法律关系。用工者和劳动者之间通过建立劳务关系，完成用工者的某些临时任务或特殊任务。

　　劳务关系可以是两个自然人之间建立的关系，也可以是用人单位和自然人之间建立的关系；而劳动关系必须一方是用人单位，一方是自然人。

　　《关于确立劳动关系有关事项的通知》

　　一、用人单位招用劳动者未订立书面劳动合同，但同时具备下列情形的，劳动关系成立。

　　（一）用人单位和劳动者符合法律、法规规定的主体资格；

　　（二）用人单位依法制定的各项劳动规章制度适用于劳动者，劳动者受用人单位的劳动管理，从事用人单位安排的有报酬的劳动；

　　（三）劳动者提供的劳动是用人单位业务的组成部分。

劳务关系和劳动关系的 5 点不同

劳务关系适用的法律依据是民事法律法规，如《中华人民共和国民法典》；劳动关系适用的法律依据主要是劳动法律法规，例如《中华人民共和国劳动法》。

劳务关系和劳动关系对工作结果承担的责任不同。在劳务关系中，工作结果由承担劳务的一方单独承担法律责任；在劳动关系中，劳动者的工作结果一般由用人单位承担责任。

| 法律关系 | 适用法律 | 签署合同 | 争议处理 | 承担责任 |

劳务关系的双方是平等的民事主体关系，而劳动关系的双方是隶属关系。

劳务关系可以通过劳务合同建立民事权利义务关系。劳动关系对应的是劳动合同。

劳务关系双方产生争议时，一般直接通过向人民法院提起诉讼解决；劳动关系双方产生争议后，必须按处理劳动争议的相关流程解决问题。

3.4.2　劳务派遣人员和正式员工有什么不同

🔒 问题场景

1 以前我到一家企业面试，面试完后，HR 让我到一个劳务派遣机构办入职手续，说我是劳务派遣人员，这样做是为了少给我发工资吗？

2 法律规定被派遣劳动者享有与用工单位劳动者同工同酬的权利。用工单位如果给你少发工资，则涉嫌违法。

3 那家企业为什么要把我安排成劳务派遣人员呢？直接让我做正式员工不行吗？

4 用工单位这样做可能是为了减少管理成本，所以把对派遣员工的人事管理工作转嫁给了劳务派遣机构。

5 那我和那家企业之间是什么关系呢？如果产生劳动争议，我该找谁呢？

6 那家企业是用工单位，和你之间是用工关系；劳务派遣机构是用人单位，和你之间是劳动关系。发生劳动争议主要找劳务派遣机构，用工单位承担连带责任。

—— 问题拆解 ——

　　劳务派遣最大的特点是用工关系和劳动关系分离，劳动者工作的单位和劳动者之间是用工关系，而劳务派遣机构和劳动者之间是劳动关系。劳务派遣机构负责劳动者的人事管理；用工单位实际用人，对劳动者做日常工作上的行政管理。

应对策略

　　劳务派遣也叫人力（资源）派遣、人才租赁、劳动派遣、劳动力租赁、雇员租赁等，是指由劳务派遣机构与派遣劳工（劳动者）订立劳动合同，把劳动者派向用工单位，用工单位向劳务派遣机构支付服务费用，劳务派遣机构向劳动者支付劳动报酬的一种用工形式。

　　《中华人民共和国劳动合同法》

　　第六十六条　劳动合同用工是我国的企业基本用工形式。劳务派遣用工是补充形式，只能在临时性、辅助性或者替代性的工作岗位上实施。

　　前款规定的临时性工作岗位是指存续时间不超过六个月的岗位；辅助性工作岗位是指为主营业务岗位提供服务的非主营业务岗位；替代性工作岗位是指用工单位的劳动者因脱产学习、休假等原因无法工作的一定期间内、可以由其他劳动者替代工作的岗位。

　　用工单位应当严格控制劳务派遣用工数量，不得超过其用工总量的一定比例，具体比例由国务院劳动行政部门规定。

　　第九十二条　违反本法规定，未经许可，擅自经营劳务派遣业务的，由劳动行政部门责令停止违法行为，没收违法所得，并处违法所得一倍以上五倍以下的罚款；没有违法所得的，可以处五万元以下的罚款。

　　劳务派遣单位、用工单位违反本法有关劳务派遣规定的，由劳动行政部门责令限期改正；逾期不改正的，以每人五千元以上一万元以下的标准处以罚款，对劳务派遣单位，吊销其劳务派遣业务经营许可证。用工单位给被派遣劳动者造成损害的，劳务派遣单位与用工单位承担连带赔偿责任。

　　《劳务派遣暂行规定》

　　第四条　用工单位应当严格控制劳务派遣用工数量，使用的被派遣劳动者数量不得超过其用工总量的10%。

被派遣劳动者需注意的 5 个要点

劳务派遣机构是劳动者的用人单位，应履行用人单位对劳动者的义务。劳务派遣机构应将劳务派遣协议内容告知被派遣劳动者。

享有权利

劳务派遣机构不得克扣用工单位按劳务派遣协议支付给被派遣劳动者的劳动报酬。劳务派遣机构和用工单位不得向被派遣劳动者收取费用。

克扣收费

被派遣劳动者有权在劳务派遣单位或用工单位依法参加或组织工会，维护自身合法权益。

参加工会

同工同酬

被派遣劳动者享有与用工单位的劳动者同工同酬的权利。用工单位应当按照同工同酬原则，对被派遣劳动者与本单位同类岗位的劳动者实行相同的劳动报酬分配办法。

劳动者可依据《中华人民共和国劳动合同法》规定与劳务派遣机构解除劳动合同，用工单位也可依据《中华人民共和国劳动合同法》相关规定将劳动者退回劳务派遣机构，劳务派遣机构可依据《中华人民共和国劳动合同法》与劳动者解除劳动合同。

解除合同

3.4.3　劳务外包和劳务派遣有什么不同

 问题场景

1 我有个朋友说他在一家劳务外包机构工作，该机构是专门给别的企业做劳务外包的，劳务外包和劳务派遣是一个意思吗？

2 二者不一样，但与劳务派遣类似的是，劳务外包中也包含用工单位和用人单位。劳务外包机构是劳动者的用人单位，和劳动者是劳动关系。

3 那劳务外包和劳务派遣具体有什么不一样呢？

4 二者的不同主要体现在管理主体、维权追究、合同标的和结算方式上，后文将具体介绍。

5 用人单位为什么要采取劳务外包的用工形式呢？

6 相较于劳务派遣，用人单位直接采取劳务外包的用工形式不仅能进一步降低管理成本，而且有助于保障劳务工作的结果。

● 问题拆解 ●

　　劳务外包和劳务派遣是两种不同的用工形式。劳动者和劳务外包机构间是劳动关系，与用工单位间是产品或服务的交付关系。在劳务外包中，劳动者的主要工作内容虽也是完成用工单位（发包方）的要求，但通常并不受用工单位的直接管理，而是受用人单位（承包方）的管理。

应对策略

　　劳务外包是发包方（用工单位）将业务外包给承包方（劳务外包机构，即用人单位），由承包方安排劳动者根据发包方的要求完成某类工作内容或某项工作任务的用工形式。

　　在劳务外包中，劳务外包机构（承包方）和用工单位（发包方）之间主要适用的法律是民事法律法规，如《中华人民共和国民法典》；劳务外包机构和劳动者之间主要适用的法律是劳动法律法规，如《中华人民共和国劳动法》。

　　与劳务派遣相似的是，劳务外包中的劳动者和用工单位（发包方）之间也不直接签订劳动合同，而是和劳务外包机构（承包方）签订劳动合同。但二者也存在明显不同，主要体现在管理主体和合同标的上。

　　另外，劳务外包和工程外包的性质也不相同。劳务外包的落脚点在劳务上，输出的结果更多是一种与劳务相关的产品或服务；工程外包的落脚点则在工程的最终结果或交付物上，其概念范围大于劳务外包。劳务外包属于工程外包中的一部分。

劳务外包和劳务派遣的 4 点不同

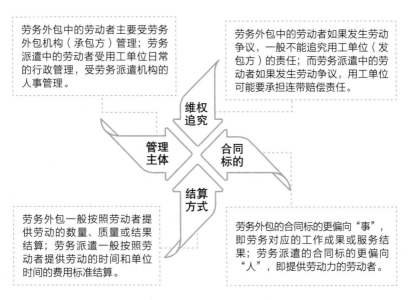

3.4.4　小时工和正式工有何不同

 问题场景

1 我以前去一家企业应聘，那家企业为了不给我缴纳五险一金，让我做小时工，还不和我签劳动合同，说小时工不需要签劳动合同。

2 小时工确实可以做口头约定，不签劳动合同，但即使是小时工，也建议要签。那家企业让你每天工作多少个小时呢？

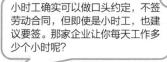

3 每天工作 8 小时，每周工作 5 天。

4 那你不属于小时工，应该属于正式员工。

5 我觉得也是，我每天和正式员工一样上下班，每月一起领工资，只是我的工资按照小时来计算，而且企业不为我缴纳五险一金。

6 小时工的工资结算周期不能超过 15 天。这种情况可以确定你属于正式员工，你可以按未签劳动合同来维权，具体可参考前文。

◆ 问题拆解 ◆

　　小时工也叫非全日制用工，是灵活就业的一种重要形式。法律对小时工的定义和应用有明确的规定，用人单位不能为了逃避责任，就随意将劳动者定义为小时工，但实际按照正式员工来管理。

应对策略

与正式员工相比，小时工用工成本更低，用工方式更灵活，而且在任务明确的情况下，其工作效率和质量可能比正式员工更高，所以被很多用人单位采用。

《中华人民共和国劳动合同法》

第六十八条 非全日制用工，是指以小时计酬为主，劳动者在同一用人单位一般平均每日工作时间不超过四小时，每周工作时间累计不超过二十四小时的用工形式。

———— 小时工的 6 点注意事项 ————

虽然《中华人民共和国劳动合同法》规定用人单位可以和小时工订立口头协议，但建议劳动者主张和用人单位订立书面协议，以便为未来可能发生的纠纷保留证据。

小时工没有试用期，也不存在试用期薪酬水平更低的问题。用人单位不能和小时工约定试用期。

小时工和用人单位任何一方都可以随时通知对方终止用工。若终止用工，用人单位不必向小时工支付经济补偿。

订立协议

无试用期

终止用工

工伤保险

支付周期

劳动报酬

用人单位无须为小时工缴纳五险一金，但小时工在用人单位工作期间若因工作原因受伤，将视同工伤，用人单位要为此承担责任。因此，用人单位应给小时工购买工伤保险或商业保险。

与正式员工不同的是，小时工劳动报酬的结算支付周期最长不得超过15日。也就是说，用人单位每月至少要给小时工发两次工资。

小时工的劳动报酬是用人单位和小时工协商确定的，但小时计酬标准不得低于用人单位所在地人民政府规定的最低小时工资标准。

3.4.5　在校学生实习要注意什么

问题场景

1 我在职业学校没毕业的时候，参与过学校组织的实习。学校说实习是教学计划的一部分，要求我必须到学校安排的单位实习。

2 实习确实可以作为学校的教学计划，但学校不能强制学生到指定单位实习，更不能以毕业证来要挟。学生及其法定监护人可自行选择符合条件的实习单位。

3 我实习期间的工资特别低，甚至比单位所在地的最低工资标准还低。

4 虽然实习学生的工资一般低于同岗位的正式员工，但实习学生不是廉价劳动力。实习学生可以与实习单位和学校沟通待遇问题，也可以直接离开。

5 另外，我们到实习单位后发现就是给缺岗的操作工顶岗，每天都是简单的操作，学不到东西。

6 这已经严重违规了，你可以立即要求终止这种实习，依据是《职业学校学生实习管理规定》，这是由教育部、财政部等发布的行政规章。

问题拆解

　　在校学生到实习单位实习，是为了完成教学计划，学习实践技能。学校和实习单位应分别选派经验丰富、综合素质好、责任心强、安全防范意识强的实习指导教师和专门人员全程指导、共同管理学生实习，并制定和实施实习学习方案。

应对策略

实习学生和实习单位间不算劳动关系，算劳务关系。

实习学生在实习前要签订实习协议。《教育部等八部门关于印发〈职业学校学生实习管理规定〉的通知》中附有《职业学校学生岗位实习三方协议（示范文本）》。未按规定签订实习协议的，不得安排学生实习。

实习协议一般是实习单位、学校和实习学生的三方协议。学生在实习期间出现任何异常，实习单位和学校双方都要承担相应的责任。

《职业学校学生实习管理规定》

第十二条　学生在实习单位的岗位实习时间一般为 6 个月，具体实习时间由职业学校根据人才培养方案安排，应基本覆盖专业所对应岗位（群）的典型工作任务，不得仅安排学生从事简单重复劳动。鼓励支持职业学校和实习单位结合学徒制培养、中高职贯通培养等，合作探索工学交替、多学期、分段式等多种形式的实践性教学改革。

第十八条　接收学生岗位实习的实习单位，应当参考本单位相同岗位的报酬标准和岗位实习学生的工作量、工作强度、工作时间等因素，给予适当的实习报酬。在实习岗位相对独立参与实际工作、初步具备实践岗位独立工作能力的学生，原则上应不低于本单位相同岗位工资标准的 80% 或最低档工资标准，并按照实习协议约定，以货币形式及时、足额、直接支付给学生，原则上支付周期不得超过 1 个月，不得以物品或代金券等代替货币支付或经过第三方转发。

学生实习的 4 项基本保障

待遇保障

实习单位要保障实习学生的薪酬待遇，不能将实习学生作为廉价劳动力。满足相应条件的，岗位工资一般不能低于本单位相同岗位工资标准的 80% 或最低档工资标准。

安全保障

实习单位要保证实习学生实习期间的人身财产安全，要提供必要的安全生产教育，不得让实习学生从事有毒、危险系数大等类型岗位的工作，并应提供劳保用品等。

教育保障

学生实习的本质是一种实践教学活动，实习单位不能只让实习学生从事简单重复的顶岗劳动，而不开展实践工作相关的学习教育。

保险保障

实习单位虽然不需要为实习学生缴纳五险一金，但要为实习学生购买商业保险，以防学生实习期间受伤。

3.4.6　委托代理关系属于劳动关系吗

 问题场景

1　我以前代理销售过一家企业的产品，我和那家企业之间属于劳动关系吗？假如我在代理销售产品的过程中受伤了，属于工伤吗？

2　你和那家企业的关系只是你有权销售企业的产品，企业对你没有出勤的要求，你不需要遵守企业给内部员工设定的规章制度是吧？

3　是的，我只是有权限去销售企业产品。我只是要遵守产品销售的一些规定，企业平常并不管我。

4　那你和那家企业之间就不属于劳动关系，而属于委托代理关系。你如果在工作中受伤了也应自己承担后果，一般不能找企业。

5　为什么委托代理关系不属于劳动关系呢？

6　委托代理属于一种商业行为，代理人和被代理人之间是平等的商业合作，是一种民事关系，而不是雇佣关系。

— 问题拆解 —

　　在委托代理关系中，代理人（劳动者）和被代理人（委托人/用人单位）签订的是委托代理合同，一般被代理人会允许代理人以被代理人的身份行使某种权力；而在劳动关系当中，劳动者与用人单位签订的是劳动合同。在劳动关系中劳动者是否有权代表用人单位行使权力，要看劳动者的岗位和职权。

应对策略

　　委托代理关系指的是因代理人依据被代理人的委托，实施某些代理行为而发生的法律关系。和劳务关系类似，委托代理关系不是一种劳动关系，不适用劳动法律法规，如《中华人民共和国劳动法》，而适用民事法律法规，如《中华人民共和国民法典》。

　　《中华人民共和国民法典》

　　第一百六十三条　代理包括委托代理和法定代理。

　　委托代理人按照被代理人的委托行使代理权。法定代理人依照法律的规定行使代理权。

　　第一百六十四条　代理人不履行或者不完全履行职责，造成被代理人损害的，应当承担民事责任。

　　代理人和相对人恶意串通，损害被代理人合法权益的，代理人和相对人应当承担连带责任。

　　第一百六十五条　委托代理授权采用书面形式的，授权委托书应当载明代理人的姓名或者名称、代理事项、权限和期限，并由被代理人签名或者盖章。

委托代理关系与劳动关系的 3 点不同

委托代理以委托处理的事务为标的，其核心内容由被代理人和代理人事先商量约定，被代理人与代理人无须存在身份上的隶属关系。而劳动关系中的双方存在隶属关系。

小贴士：劳动关系中，劳动者履行劳动义务时不管是对自身造成损害（工伤），还是对第三人造成损害（职务侵权），用人单位都需要无条件承担责任。

标的

管理

合同

在委托代理关系中，双方不存在管理或被管理的关系。而在劳动关系中，劳动者应遵从用人单位正常的经营管理安排和规章制度。

委托代理关系中的代理人和被代理人签的是委托代理合同，劳动关系中的劳动者和用人单位之间签的是劳动合同。

3.4.7　承包经营关系属于劳动关系吗

 问题场景

1　我以前的企业还鼓励员工承包经营一部分业务，是不是员工承包经营后，和企业就不属于劳动关系了。

2　不一定，也有在劳动关系下的承包经营关系。这个具体要看劳动者是否满足《关于确立劳动关系有关事项的通知》中的规定。

3　劳动关系下怎么还能承包经营呢？

4　可以的，劳动关系下的承包经营主要是为了提高劳动者的工作积极性，增强劳动者的主人翁意识。劳动者也可以通过承包经营获得更高的薪酬待遇。

5　那如果我已经是企业的员工，和企业存在劳动关系，企业鼓励员工承包经营，但要和企业解除劳动关系，企业这么做是否违法？我该怎么办呢？

6　如果用人单位强制劳动者与自身的关系由劳动关系转变为属民事关系的承包经营关系，那是涉嫌违法的。如果只是协商和鼓励，则不违法。你可以根据自身情况决定。

— 问题拆解 —

　　与委托代理关系不同的是，不能仅凭承包经营关系就判断劳动者和用人单位之间是否为劳动关系。劳动者可能和用人单位是劳动关系，同时也存在承包经营关系；也可能和用人单位是民事关系下的承包经营关系。判断劳动者与用人单位是否为劳动关系，可以参照《关于确立劳动关系有关事项的通知》。

个人和组织之间可能存在的承包经营关系有两种。

一种是从属于劳动关系的承包经营关系，这种关系指的是由劳动合同规定工资报酬、集体福利、工作时间以及劳动纪律等内容，承包合同则只对劳动合同未予规定的定额指标、奖金分配等内容进行规定，主要适用劳动相关法律法规，如《中华人民共和国劳动法》。

另一种是从属于民事关系的承包经营关系，这种关系是指个人被赋予经营者的资格，这时候个人和组织之间本质上是一种劳务关系，主要适用民事法律法规，如《中华人民共和国民法典》。

区别这两种关系的关键在于劳动者在这两种关系中主要是作为劳动力的提供者还是经营者。

很多用人单位倡导的"内部创业"，多属于承包经营，劳动者与用人单位之间有的是劳动关系下的承包经营关系，其他的则是由劳动关系转变而来的民事关系。

民事承包经营关系的 4 个要点

承包方（劳动者）享有经营管理自主权，只需按承包合同规定完成所承包的生产经营任务，不受发包方（用人单位）管理。发包方和承包方在地位上属于平等的民事主体。

发包方（用人单位）负责检查和监督承包方（劳动者）的生产经营活动，但不直接参与其日常工作。

自主　检查

独立　维护

承包方（劳动者）只受承包协议中的权利义务影响，在日常生产经营中拥有独立决策权和自主用工权。承包方（劳动者）要独立承担民事责任。

发包方（用人单位）的主要义务是按承包合同规定维护承包方（劳动者）的合法权益，在其职责范围内协调解决承包方（劳动者）生产经营中的困难。

第 4 章

在职工作时

好的过程能为好的结果提供支持和保障。劳动者在职工作时可能受到权益侵害的环节是最多的，主要发生在工资发放和薪酬调整、缴纳五险一金、加班判定和加班费计算、安排休息休假、实施劳动保护、约定培训服务期、工作调整和安排、工伤的判定与处理、违纪处置等环节。

4.1　工资

4.1.1　相同岗位的劳动者拿不同的薪酬，用人单位违法吗

问题场景

1
我和同部门的张三在相同的岗位，为什么我们的薪酬不一样呢？这是违法的吧？

2
用人单位可以依法自主确定本单位的工资分配方式和工资水平，仅从相同岗位不同薪酬这点，无法判断用人单位是否违法。

3
《中华人民共和国劳动法》不是明确规定了要"同工同酬"吗？用人单位"同工不同酬"，这不明显是违法的吗？

4
《中华人民共和国劳动法》规定的是"同工同酬"，而不是"同岗同酬"。这是两个完全不同的概念。

5
啊？怎么讲呢？

6
同工同酬的含义是甲和乙做相同的工作，用相同的时间，达到相同的成果，应得到相同的报酬，而不是甲和乙的岗位相同，报酬就应当相同。

问题拆解

　　《中华人民共和国劳动法》规定工资分配应遵循按劳分配的原则，实行同工同酬。所谓按劳分配，是按照劳动者劳动的数量和质量来分配报酬，应当本着多劳多得、少劳少得、不劳不得的原则，将劳动贡献和劳动报酬联系在一起。同岗该不该同酬，要看该岗位上劳动者劳动的数量和质量是否相同。

应对策略

《中华人民共和国劳动法》

第四十六条 工资分配应当遵循按劳分配原则，实行同工同酬。

工资水平在经济发展的基础上逐步提高。国家对工资总量实行宏观调控。

第四十七条 用人单位根据本单位的生产经营特点和经济效益，依法自主确定本单位的工资分配方式和工资水平。

《中华人民共和国劳动合同法》

第十一条 用人单位未在用工的同时订立书面劳动合同，与劳动者约定的劳动报酬不明确的，新招用的劳动者的劳动报酬按照集体合同规定的标准执行；没有集体合同或者集体合同未规定的，实行同工同酬。

同工同酬是一种原则性规定，法律法规目前并没有规定具体的操作标准。因"同工"要考虑的因素较多，实践中也确实很难就这一原则确立统一的标尺。

如果没有确凿的证据证明同工不同酬情况的存在，一般难以判定用人单位违反"同工同酬"的原则。劳动者一般应尊重用人单位的报酬分配方式，若认为用人单位存在报酬分配不合理之处，首先应协商沟通，掌握更多信息或数据，而不是仅依靠主观判断。

判断"同工"的 4 个关键点

相同的劳动时间

相同的劳动内容

相同的劳动数量

相同的劳动质量

注意：只有以上 4 个关键点都相同时，劳动者才是"同工"，才能获得相同的报酬。

4.1.2 用人单位不给劳动者看工资清单违法吗

 问题场景

1 我朋友给我看过她的工资清单，我怎么从来没收到过我们单位给我发的工资清单呢？

2 也许你们单位发的工资清单不是纸质的，你有没有问过你单位的工资清单是什么形式的，具体怎么查看呢？

3 我从来没注意过，一直以为我们单位压根儿就没有工资清单呢。

4 你有权获得自己的工资清单，或者等同于工资清单的工资信息。

5 听这意思，工资清单是用人单位必须给劳动者发放的，对吗？

6 是的，如果你的用人单位不给你发工资清单或等同于工资清单的工资信息，则涉嫌违法，你可以向劳动监察部门举报。

— 问题拆解 —

　　很多用人单位觉得工资已经发到劳动者的工资卡中，就不需要再发工资清单了。实际上，向劳动者提供工资清单是法律明确规定的，这既是对劳动者工资信息知情权的保护，又是用人单位与劳动者核对契约履行情况的方式。

应对策略

《工资支付暂行规定》

第六条　用人单位必须书面记录支付劳动者工资的数额、时间、领取者的姓名以及签字，并保存两年以上备查。用人单位在支付工资时应向劳动者提供一份其个人的工资清单。

工资清单是用人单位给劳动者发放工资的明细，可以帮助劳动者核对工资信息。比较标准的工资清单是纸质的，发放时一般要求劳动者签字。

当然，如今的工资清单并不限于纸质形式，还可能通过内网系统、电子邮件、短信等形式发送，并要求劳动者另行签字确认。

劳动者拿到工资清单后应核对的 3 类关键信息

检查工资清单中工资项目的构成是否正确，是否存在漏项，承诺发放的奖金、津贴、补贴、福利费等是否齐全，发放的金额是否正确。

小贴士：建议劳动者拿到工资清单后仔细检查核对，若有疑问应第一时间找用人单位询问查实。

构成

扣款

考勤

检查五险一金的扣款情况是否正确，个人所得税的扣款情况是否正确，是否存在不合理的扣款。

检查考勤信息是否正确，是否存在出勤或应算出勤的情况算成缺勤的问题，用考勤信息计算的基本工资是否正确。

4.1.3　口头承诺的年终奖不发，用人单位违法吗

🔒 问题场景

1 我们企业的总经理去年开会讲话时说今年要发年终奖，可今年却没发，这算不算违法呢？

2 发年终奖这件事只是总经理口头说的吗？

3 是的，虽然是口头说的，但我有录像为证。这个证据应该很充分吧？

4 有没有录像证据不是关键，只要口头说的内容没有落到纸面上，用人单位就可以不执行。

5 什么叫落到纸面上呢？用人单位什么情况下不发年终奖违法呢？

6 假如发年终奖是写在劳动合同或集体合同中的，则用人单位不发年终奖是涉嫌违法的。

● 问题拆解 ●

　　判断承诺的年终奖不发是否违法，要看是哪一种承诺：如果是写在集体合同或劳动合同中的年终奖，不发是涉嫌违法的；如果是用人单位管理者的口头承诺，不论这个口头承诺是在何种场合下做出的，之后实际上不发年终奖，都不能算违法。

 应对策略

年终奖体现了用人单位对劳动者一年工作成果的肯定，是用人单位内部对劳动者实施物质激励的重要方式。

劳动法律法规只规定了工资应及时、足额地发放给劳动者，并没有规定用人单位一定要给劳动者发放年终奖。用人单位是否应给劳动者发放年终奖，主要看集体合同或劳动合同中是否有相关约定。

《中华人民共和国劳动合同法》

第十八条 劳动合同对劳动报酬和劳动条件等标准约定不明确，引发争议的，用人单位与劳动者可以重新协商；协商不成的，适用集体合同规定；没有集体合同或者集体合同未规定劳动报酬的，实行同工同酬；没有集体合同或者集体合同未规定劳动条件等标准的，适用国家有关规定。

—————●————— 可以不发年终奖的 4 种常见情况 —————●—————

如果用人单位和劳动者事先未约定年终奖，则可以不发年终奖。注意，这里的约定是书面约定（集体合同或劳动合同），而非口头约定。

用人单位的规章制度、集体合同或与劳动者的劳动合同中事先约定若单位业绩未达一定程度，可以不发或缓发年终奖。

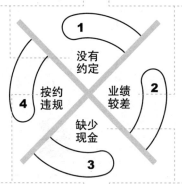

用人单位的规章制度、集体合同或与劳动者的劳动合同中规定劳动者违反某项规定、未达成某个目标或给用人单位造成某种损失的，可以不发或缓发年终奖。

与业绩较差类似，用人单位财务上缺少现金，同时规章制度、集体合同或与劳动者的劳动合同中规定出现这种情况可以不发或缓发年终奖。

4.1.4　用人单位效益不好可以拖欠工资吗

问题场景

1 我之前工作的企业有段时间效益不好，有好几个月发工资时都要拖延几周，这个肯定构成违法吧？

2 不一定，如果用人单位真的经营困难，在符合条件的情况下，拖欠工资不算违法。

3 拖欠工资还不一定违法？

4 是的，没有哪家企业敢保证持续盈利。那家企业在延期发工资前，有没有征得工会同意？有没有向你们说明情况呢？

5 有倒是有。企业说已经争取了工会同意，也通知了我们具体情况。难道这样就可以拖欠工资吗？

6 这其实属于企业遇到特殊情况暂缓发工资。当然暂缓发工资是有条件和期限的，不能无限期拖延。

● 问题拆解 ●

　　市场风云莫测，用人单位有经营风险。用人单位确实因效益不好而无法正常支付劳动者工资时，经过本单位工会或职工代表大会同意，在符合本地区延长支付工资的期限范围内的，可在向劳动者说明情况和明确支付时间后，暂缓支付工资。

应对策略

《工资支付暂行规定》

第十八条 各级劳动行政部门有权监察用人单位工资支付的情况。用人单位有下列侵害劳动者合法权益行为的，由劳动行政部门责令其支付劳动者工资和经济补偿，并可责令其支付赔偿金：

（一）克扣或者无故拖欠劳动者工资的；

（二）拒不支付劳动者延长工作时间工资的；

（三）低于当地最低工资标准支付劳动者工资的。

经济补偿和赔偿金的标准，按国家有关规定执行。

《对〈工资支付暂行规定〉有关问题的补充规定》

四、《规定》第十八条所称"无故拖欠"系指用人单位无正当理由超过规定付薪时间未支付劳动者工资。不包括：（1）用人单位遇到非人力所能抗拒的自然灾害、战争等原因，无法按时支付工资；（2）用人单位确因生产经营困难、资金周转受到影响，在征得本单位工会同意后，可暂时延期支付劳动者工资，延期时间的最长限制可由各省、自治区、直辖市劳动行政部门根据各地情况确定。其他情况下拖欠工资均属无故拖欠。

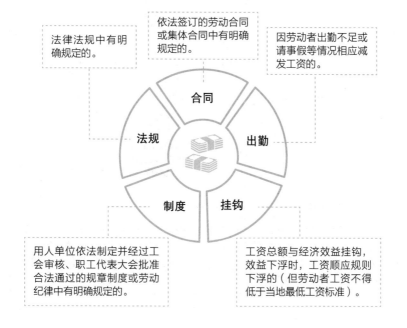

不属于"克扣工资"的 5 种常见情况

法律法规中有明确规定的。

依法签订的劳动合同或集体合同中有明确规定的。

因劳动者出勤不足或请事假等情况相应减发工资的。

合同

法规　　出勤

制度　　挂钩

用人单位依法制定并经过工会审核、职工代表大会批准合法通过的规章制度或劳动纪律中有明确规定的。

工资总额与经济效益挂钩，效益下浮时，工资顺应规则下浮的（但劳动者工资不得低于当地最低工资标准）。

4.1.5　什么情况下用人单位可以降薪

1 之前有一个月发工资时我发现自己薪酬少了，后来一问才知道是因为企业认为我工作表现不好，给我降薪了。

2 你的企业说你工作表现不好，有明确的证据吗？

3 并没有明确的证据，就是一种来自上级的主观判断。

4 那这个降薪就涉嫌违法了，你可以依法维权。

5 只要是用人单位单方面降薪，都属于违法吧？

6 不一定，在某些情况下，用人单位是可以合法合规单方面降薪的。

● 问题拆解 ●

　　在没有确凿客观事实证据的情况下，用人单位不能以劳动者工作表现差为由单方面降薪。当然，当满足某些条件时（后文详解），用人单位是可以合法合规单方面给劳动者降薪的。但无论如何，用人单位都应事先和劳动者沟通，保障劳动者的知情权。

应对策略

　　用人单位合法给劳动者降薪的情况有两类，一类是用人单位和劳动者协商一致，通过变更劳动合同的方式给劳动者降薪，这里注意该类降薪必须书面确认；另一类是当满足某些条件时，用人单位单方面给劳动者降薪。

　　注意：劳动者的工资不得低于当地最低工资标准。关于最低工资的相关规定，可参考《最低工资规定》。

《中华人民共和国劳动合同法》

　　第三十五条　用人单位与劳动者协商一致，可以变更劳动合同约定的内容。变更后的劳动合同文本由用人单位和劳动者各执一份。变更劳动合同，应当采用书面形式。

　　第四十条　有下列情形之一的，用人单位提前三十日以书面形式通知劳动者本人或者额外支付劳动者一个月工资后，可以解除劳动合同：

　　（一）劳动者患病或者非因工负伤，在规定的医疗期满后不能从事原工作，也不能从事由用人单位另行安排的工作的；

　　（二）劳动者不能胜任工作，经过培训或者调整工作岗位，仍不能胜任工作的；

　　（三）劳动合同订立时所依据的客观情况发生重大变化，致使劳动合同无法履行，经用人单位与劳动者协商，未能就变更劳动合同内容达成协议的。

用人单位单方面给劳动者降薪的 4 种情况

用人单位有明确证据证明劳动者不能胜任工作时，可以为其调整工作岗位，此时薪酬可以随岗位相应调整。

当劳动者患病或非因工负伤，在规定医疗期满后不能从事原工作，用人单位可以另行安排其他工作，此时薪酬可以随工作内容调整。

当劳动合同中规定劳动者的工资是浮动工资时，用人单位可以根据浮动工资规则对劳动者的薪酬做相应调整。

用人单位有明确证据证明劳动者违反规章制度且规章制度合法合规，可以按规章制度规定对劳动者实施降职或降薪处理。

4.2　五险一金

4.2.1　商业保险能代替社会保险吗

 问题场景

1
我的企业不想为我缴纳社会保险，说已经给员工买了商业保险，既然有保险了，就不需要再缴纳社会保险了。

2
商业保险并不能代替社会保险，用人单位必须给在册劳动者缴纳社会保险。

3
我觉得用人单位不缴纳社会保险也有一定道理，毕竟缴纳社会保险我自己也得交钱。不缴纳社会保险我自己每月到手的钱还能多一些。

4
你这么想是不对的，缴纳社会保险是你应该承担的义务，而且从长远看这对你也是有好处的，不要把眼光只放在眼前的小利上。

5
可我在入职时和用人单位签了个协议，协议上写着我自愿放弃企业为我缴纳社会保险。这样企业不就可以顺理成章地不给我缴纳社会保险了吗？

6
你签的这个协议是违法的，所以是无效的，就算签了，用人单位也不能逃避为你缴纳社会保险的义务。

● 问题拆解 ●

　　在劳动关系中，缴纳社会保险是劳动者和用人单位都必须承担的义务，而不是劳动者或用人单位可自由选择的权利。权利可以放弃，但义务必须履行，无法放弃。缴纳社会保险从长远看对劳动者是有利的（后文详细介绍），劳动者不仅应积极参与，而且应期望多缴。

应对策略

《中华人民共和国劳动法》

第一百条　用人单位无故不缴纳社会保险费的，由劳动行政部门责令其限期缴纳；逾期不缴的，可以加收滞纳金。

《中华人民共和国劳动合同法》

第三十八条　用人单位有下列情形之一的，劳动者可以解除劳动合同：

（三）未依法为劳动者缴纳社会保险费的。

第四十六条　有下列情形之一的，用人单位应当向劳动者支付经济补偿：

（一）劳动者依照本法第三十八条规定解除劳动合同的。

第四十七条　经济补偿按劳动者在本单位工作的年限，每满一年支付一个月工资的标准向劳动者支付。六个月以上不满一年的，按一年计算；不满六个月的，向劳动者支付半个月工资的经济补偿。

劳动者月工资高于用人单位所在直辖市、设区的市级人民政府公布的本地区上年度职工月平均工资三倍的，向其支付经济补偿的标准按职工月平均工资三倍的数额支付，向其支付经济补偿的年限最高不超过十二年。

本条所称月工资是指劳动者在劳动合同解除或者终止前十二个月的平均工资。

《中华人民共和国社会保险法》

第二条　国家建立基本养老保险、基本医疗保险、工伤保险、失业保险、生育保险等社会保险制度，保障公民在年老、疾病、工伤、失业、生育等情况下依法从国家和社会获得物质帮助的权利。

了解社会保险相关事项也可参考《实施〈中华人民共和国社会保险法〉若干规定》。

有关社会保险的 4 点注意事项

社会保险属于强制性保险，缴纳社会保险是一种法定义务。只要建立劳动关系，就必须缴纳社会保险。

社会保险的强制性不仅体现在对用人单位上，还同时体现在对劳动者上。

强制　　双重

立即　　有利

有的用人单位试用期不为劳动者缴纳社会保险，而是待其转正后才缴纳。实际上，从劳动者与用人单位建立劳动关系之日起就应该缴纳社会保险。

社会保险对劳动者是有利的，是对劳动者工作和生活的重要保障。劳动者千万不要因为自己每月要承担一部分社会保险费而觉得"亏"。

4.2.2 基本养老保险有什么用

🔒 问题场景

1

基本养老保险有什么用呢?

2

基本养老保险主要是解决劳动者"老有所养"的问题。你想一下,退休之后有基本养老金和没有基本养老金哪个更好?

3

那当然是有基本养老金更好了。基本养老金的数额是固定的吗?会有变化吗?

4

当然会有变化,随着物价的上涨和社会平均工资的提高,基本养老金数额也是会逐渐提高的。

5

要缴纳多久的基本养老保险费,才有资格领取基本养老金呢?

6

领取基本养老金的条件有两个,一是达到法定退休年龄,二是要缴够15 年的基本养老保险费。

—— 问题拆解 ——

　　随着医疗水平的不断提高,人们的平均寿命逐渐延长,退休后的基本生活保障就显得非常重要,基本养老保险正是为解决这个问题出现的。国家不仅建立和完善社会基本养老保险制度,还有基本养老金调整机制,会根据职工平均工资增长、物价上涨情况,适时提高基本养老金水平。

应对策略

基本养老保险，全称为社会基本养老保险，是国家和社会根据法律法规，为解决劳动者在达到国家规定解除劳动义务的年龄界限，或因年老丧失劳动能力退出劳动岗位后的基本生活而建立的一种社会保险制度。

《中华人民共和国社会保险法》

第十条　职工应当参加基本养老保险，由用人单位和职工共同缴纳基本养老保险费。

无雇工的个体工商户、未在用人单位参加基本养老保险的非全日制从业人员以及其他灵活就业人员可以参加基本养老保险，由个人缴纳基本养老保险费。

公务员和参照公务员法管理的工作人员养老保险的办法由国务院规定。

劳动者可能关心的 3 个基本养老保险问题

1. 退休领取基本养老金的条件是什么？

参加基本养老保险的个人，达到法定退休年龄时累计缴费满 15 年的，按月领取基本养老金。

参加基本养老保险的个人，达到法定退休年龄时累计缴费不足 15 年的，可以缴费至满 15 年，按月领取基本养老金；也可以转入新型农村社会养老保险或城镇居民社会养老保险，按照国务院规定享受相应的养老保险待遇。

2. 死亡后账户余额怎么办？

个人死亡的，个人账户余额可以继承。参加基本养老保险的个人，因病或非因工死亡的，其遗属可以领取丧葬补助金和抚恤金；在未达到法定退休年龄时因病或者非因工致残完全丧失劳动能力的，可以领取病残津贴。所需资金从基本养老保险基金中支付。

3. 工作城市变化后，基本养老保险怎么办？

个人跨统筹地区就业的，其基本养老保险关系随本人转移，缴费年限累计计算。个人达到法定退休年龄时，基本养老金分段计算、统一支付。具体办法由国务院规定。

小贴士

关于退休后基本养老金的具体计算方法及如何提高基本养老金的问题，将在后文介绍退休相关问题时详细介绍。

4.2.3 基本医疗保险有什么用

🔒 问题场景

1 基本医疗保险有什么用呢?

2 基本医疗保险主要解决的是"病有所医"的问题。劳动者参加基本医疗保险,生病后就医可以报销部分医疗费用。

3 如果我退休之后没有基本医疗保险,是不是看病就得全部自掏腰包了?

4 如果你的缴费年限达到当地规定的最低年限,你退休后就不需要再缴纳基本医疗保险费,且可以享受基本医疗保险待遇。

5 那假如我退休时没有达到最低缴费年限,是不是退休后就没办法享受基本医疗保险待遇了呢?

6 假如你退休时没有达到基本医疗保险最低缴费年限,可以继续缴费,直至达到规定年限。

● 问题拆解 ●

　　基本医疗保险制度是为了补偿劳动者因疾病风险造成的经济损失而建立的一项社会保险制度。基本医疗保险制度的建立和实施可以使患病者获得必要的医疗帮助,减轻医疗费用带给患病者的经济负担,防止患病者"因病致贫"。

应对策略

基本医疗保险是为劳动者提供患病基本医疗需求保障而建立的社会保险制度。基本医疗保险能够维护社会安定，促进社会进步，一方面可以解除劳动者的后顾之忧，使其安心工作，从而提高劳动生产率；另一方面也保证了劳动者的身心健康，保证了劳动力的正常再生产。

《中华人民共和国社会保险法》

第二十三条　职工应当参加职工基本医疗保险，由用人单位和职工按照国家规定共同缴纳基本医疗保险费。

无雇工的个体工商户、未在用人单位参加职工基本医疗保险的非全日制从业人员以及其他灵活就业人员可以参加职工基本医疗保险，由个人按照国家规定缴纳基本医疗保险费。

———————————————— 劳动者可能关心的 4 个基本医疗保险问题 ————————————————

1. 缴纳多少年基本医疗保险费退休后可以享受基本医疗保险待遇？

全国各地区有不同的规定，一般为 15~25 年，由于男性和女性存在不同的法定退休年龄，不同地区可能对男性与女性规定了不同的缴纳年限。

2. 所有的医疗费用基本医疗保险都可以报销吗？

并不是，符合基本医疗保险药品目录、诊疗项目、医疗服务设施标准以及急诊、抢救的医疗费用，按照国家规定从基本医疗保险基金中支付。

其中有 4 类医疗费用不纳入基本医疗保险基金支付范围：（1）应当从工伤保险基金中支付的；（2）应当由第三人负担的；（3）应当由公共卫生负担的；（4）在境外就医的。

医疗费用依法应当由第三人负担，第三人不支付或无法确定第三人的，由基本医疗保险基金先行支付。基本医疗保险基金先行支付后，有权向第三人追偿。

3. 跨地区工作后，基本医疗保险缴费年限可以累积吗？

可以，个人跨统筹地区就业的，其基本医疗保险关系随本人转移，缴费年限累计计算。

4. 不上班的人能缴纳基本医疗保险吗？

不上班的人无法参加职工基本医疗保险，但可以参加城镇居民基本医疗保险或新型农村合作医疗保险。

4.2.4　失业保险有什么用

　问题场景

1 失业保险有什么用呢?

2 失业保险主要是防止劳动者失业后没有收入来源,可以让劳动者在失业后获得失业保险金。

3 那有了失业保险后我是不是就不必担心失业了,就算找不到工作也一直可以领失业保险金?

4 当然不是,领取失业保险金是有时间限制的。一个人一生领取失业保险金的时间累计不能超过24个月。

5 我是不是也可以自己购买商业保险作为补充?

6 据我所知,目前商业保险没有失业类保险相关产品。社会保险的其他4类保险倒是都有不少相关商业保险可作为补充。

- 问题拆解 -

　　商业保险中有大量养老类、医疗类、生育类或工伤类的保险产品,可以作为社会保险中基本养老保险、基本医疗保险、生育保险和工伤保险的补充,但失业保险属于政策性保险,目前只有随社会保险缴纳这一种投保方式。

应对策略

失业保险是对因失业而暂时中断生活来源的劳动者提供物质帮助，进而保障失业人员失业期间的基本生活，促进其再就业的制度。失业保险基金是社会保险基金中的一种专项基金，主要用于保障失业人员的基本生活。

《中华人民共和国社会保险法》

第四十四条 职工应当参加失业保险，由用人单位和职工按照国家规定共同缴纳失业保险费。

第四十七条 失业保险金的标准，由省、自治区、直辖市人民政府确定，不得低于城市居民最低生活保障标准。

第四十八条 失业人员在领取失业保险金期间，参加职工基本医疗保险，享受基本医疗保险待遇。

失业人员应当缴纳的基本医疗保险费从失业保险基金中支付，个人不缴纳基本医疗保险费。

第五十二条 职工跨统筹地区就业的，其失业保险关系随本人转移，缴费年限累计计算。

有关失业保险的具体操作方法可参考《失业保险条例》。

有关失业保险金的申领问题，可参考《失业保险金申领发放办法》。

劳动者可能关心的 3 个失业保险问题

1. 满足什么条件可以领取失业保险金？

需要满足 3 个条件：（1）失业前用人单位和本人已经缴纳失业保险费满一年的；（2）非因本人意愿中断就业的；（3）已经进行失业登记，并有求职要求的。

2. 失业保险金可以领多久？

失业人员失业前用人单位和本人按照规定累计缴费满 1 年不足 5 年的，领取失业保险金的期限最长为 12 个月；累计缴费满 5 年不足 10 年的，领取失业保险金的期限最长为 18 个月；累计缴费 10 年以上的，领取失业保险金的期限最长为 24 个月。重新就业后，再次失业的，缴费时间重新计算，领取失业保险金的期限可以与前次失业应当领取而尚未领取的失业保险金的期限合并计算，最长不超过 24 个月。

3. 什么情况下不得申领失业保险金？

有七种情况：（一）重新就业的；（二）应征服兵役的；（三）移居境外的；（四）享受基本养老保险待遇的；（五）被判刑收监执行或者被劳动教养的；（六）无正当理由，拒不接受当地人民政府指定的部门或机构介绍的适当工作的；（七）有法律、行政法规规定的其他情形。

4.2.5　生育保险有什么用

🔒 问题场景

1 生育保险有什么用呢?

2 生育保险有两方面作用,一方面是报销孕妇的产前检查、分娩手术等相关费用,减轻生育过程中医疗费的负担;另一方面是提供生育津贴。

3 男性也需要缴纳生育保险费吗?

4 缴纳生育保险费不分性别,职工都要缴纳。但不必担心,生育保险费全部是由用人单位缴纳的,个人不论男女都不必缴纳。

5 只要缴纳了生育保险费就可以享受生育保险待遇是吧?

6 不是的,一般要缴够一定时间的生育保险费才能享受生育保险待遇,具体时间以各地区的政策为准。

● 问题拆解 ●

　　生育保险是针对生育行为的生理特点,根据法律规定,在职女性因生育子女而暂时中断工作、失去正常收入来源时,由国家或社会提供的物质帮助。生育保险待遇主要包括两项:一是生育津贴,二是生育医疗费用。

应对策略

生育保险是对生育职工给予经济、物质等方面帮助的一项社会政策。其宗旨在于通过向生育女职工提供生育津贴、产假以及医疗服务等方面的待遇，保障她们因生育而暂时丧失劳动能力时的基本经济收入和医疗保健，帮助生育女职工恢复劳动能力，重返工作岗位，从而体现国家和社会对妇女在这一特殊时期给予的支持和爱护。

《中华人民共和国社会保险法》

第五十三条　职工应当参加生育保险，由用人单位按照国家规定缴纳生育保险费，职工不缴纳生育保险费。

第五十四条　用人单位已经缴纳生育保险费的，其职工享受生育保险待遇；职工未就业配偶按照国家规定享受生育医疗费用待遇。所需资金从生育保险基金中支付。

生育保险待遇包括生育医疗费用和生育津贴。

关于劳动者在生育期间享受相关待遇的具体实施方法参考各地区关于生育保险的实施办法。

劳动者可能关心的 3 个生育保险问题

1. 生育津贴有多少？

生育津贴的计算依据为《女职工劳动保护特别规定》第八条。
公式一般为：当月本单位职工平均工资 ÷ 30（天）× 假期天数。
其中，假期天数的计算同产假相关规定。
但需注意，个别地区规定的发放生育津贴的时长与产假天数并不完全一致，具体以地区规定为准。

2. 女职工领取生育津贴期间，用人单位还需要发工资吗？

女职工领取生育津贴期间用人单位就不需要再发工资了。但如果用人单位未依法让劳动者参加生育保险，则要支付工资。

**3. 男职工正常缴纳生育保险，但配偶未就业，
可以享受生育保险待遇吗？**

这种情况下其配偶可以享受生育保险待遇，但其生育相关医疗费用的报销比例与女性本人直接参加生育保险有所不同，且不享受生育津贴。假如夫妻双方都有生育保险，女性直接用自己的生育保险享受生育保险待遇更合适。

4.2.6 工伤保险有什么用

🔒 问题场景

1
工伤保险有什么用呢?

2
工伤保险可以让劳动者在出现工伤事故或身患职业病时,得到一定的补偿。

3
假如我不受伤,那工伤保险不就没有用了?缴纳的费用不就浪费了吗?

4
不怕一万,就怕万一,谁敢说自己肯定不会受工伤呢?再说工伤保险费也是全部由用人单位缴纳,不需要劳动者缴纳的。

5
那我可不可以故意让自己受伤来制造工伤呢?这样不仅不用上班,还可以拿到工资。

6
当然不可以,如果被发现是故意受伤,不仅不算工伤,而且一切后果都要由劳动者承担,因此给用人单位造成损失的,劳动者还要赔偿损失。

⸺ 问题拆解 ⸺

　　没有人希望工作影响自己的健康和人身安全,但有时意外在所难免。工作中总是存在大大小小的不安全因素,所以工伤保险对劳动者来说意义重大。工伤保险是解决劳动者因工受伤、因工伤残、因工死亡或因工患病等问题的基本保障。

应对策略

　　工伤保险是指劳动者由于工作原因并在工作过程中受意外伤害，或因接触粉尘、放射线、有毒害物质等职业危害因素引起职业病后，由国家和社会给负伤、致残者以及死亡者生前供养亲属提供必要物质帮助的一种社会保险制度。

　　《中华人民共和国社会保险法》

　　第三十三条　职工应当参加工伤保险，由用人单位缴纳工伤保险费，职工不缴纳工伤保险费。

　　关于工伤保险费率的问题，可以参考《关于工伤保险费率问题的通知》。

　　关于如何判定工伤以及发生工伤后如何处理的问题，可以参考《工伤保险条例》。

———————　○　劳动者可能关心的 4 个工伤保险问题　○　———————

1. 假如用人单位没有给劳动者缴纳工伤保险费，劳动者发生工伤，会怎么样?

职工所在用人单位未依法缴纳工伤保险费，发生工伤事故的，由用人单位支付工伤保险待遇。用人单位不支付的，从工伤保险基金中先行支付。从工伤保险基金中先行支付的工伤保险待遇应当由用人单位偿还。用人单位不偿还的，社会保险经办机构将追偿。

2. 领取伤残津贴的劳动者退休后，还能继续享受伤残津贴吗?

工伤职工符合领取基本养老金条件的，停发伤残津贴，享受基本养老保险待遇。基本养老保险待遇低于伤残津贴的，从工伤保险基金中补足差额。

3. 劳动者发生工伤时的哪些费用需要用人单位支付?

主要有 3 类：（1）治疗工伤期间的工资福利；（2）五级、六级伤残职工按月领取的伤残津贴；（3）终止或解除劳动合同时，应当享受的一次性伤残就业补助金。

4. 在什么情况下，劳动者停止享受工伤保险待遇?

出现以下 3 种情况中任意一种的：
（1）丧失享受待遇条件的；（2）拒不接受劳动能力鉴定的；（3）拒绝治疗的。

4.2.7 住房公积金有什么用

 问题场景

1 住房公积金有什么用呢?

2 住房公积金是专门用来支付个人住房方面费用的,例如贷款买房或租房的费用。

3 我有住房,如果我不想再买房,可以不缴存住房公积金吗?

4 城镇在职职工,无论其工作单位性质如何、家庭收入高低、是否已有住房,都必须缴存住房公积金。用人单位如有经营困难的,可以申请缓缴。

5 那假如我不买房,可不可以把住房公积金里面的钱拿出来花掉呢?

6 不可以,住房公积金是专款专用的。不过你也不用担心,住房公积金是计息的,如果你用不上,退休后是可以一次性取出的,就当是储蓄了。

—— 问题拆解 ——

住房公积金是专门用来帮助个人支付住房相关费用的资金,对个人来说是一笔隐形的财富。住房公积金的贷款利率通常低于银行商业贷款,善用住房公积金,能帮助个人在贷款买房时大幅度减少利息。因此建议个人购房者优先选择用住房公积金贷款买房。

应对策略

《中华人民共和国住房公积金管理条例》

第五条　住房公积金应当用于职工购买、建造、翻建、大修自住住房，任何单位和个人不得挪作他用。

第十五条　单位录用职工的，应当自录用之日起 30 日内向住房公积金管理中心办理缴存登记，并办理职工住房公积金账户的设立或者转移手续。

单位与职工终止劳动关系的，单位应当自劳动关系终止之日起 30 日内向住房公积金管理中心办理变更登记，并办理职工住房公积金账户转移或者封存手续。

4 个常见的住房公积金问题

1. 用人单位可不可以不缴存住房公积金？

正常情况下，用人单位应当按时、足额缴存住房公积金，不得逾期缴存或少缴。对缴存住房公积金确有困难的单位，经本单位职工代表大会或工会讨论通过，并经住房公积金管理中心审核，报住房公积金管理委员会批准后，可以降低缴存比例或缓缴；待单位经济效益好转后，再提高缴存比例或补缴缓缴。

2. 什么情况下可以使用住房公积金余额？

有 6 种情况：（1）购买、建造、翻建、大修自住住房的；（2）离休、退休的；（3）完全丧失劳动能力，并与单位终止劳动关系的；（4）出境定居的；（5）偿还购房贷款本息的；（6）房租超出家庭工资收入的规定比例的。第（2）、（3）、（4）种情况下提取住房公积金的，应同时注销职工住房公积金账户。

职工死亡或被宣告死亡的，职工的继承人、受遗赠人可以提取职工住房公积金账户内的存储余额；无继承人也无受遗赠人的，职工住房公积金账户内的存储余额纳入住房公积金的增值收益。

3. 什么情况下可以申请住房公积金贷款？

缴存住房公积金的职工，在购买、建造、翻建、大修自住住房时，可以向住房公积金管理中心申请住房公积金贷款。住房公积金管理中心应当自受理申请之日起 15 日内做出准予贷款或不准贷款的决定，并通知申请人；准予贷款的，由受委托银行办理贷款手续。

4. 个人无买房需求却缴存住房公积金是不是"亏"了？

并不是，缴存住房公积金的收入免征个人所得税，领取住房公积金时同样免征个人所得税。住房公积金的专用账户免征利息税。另外，各地有放宽住房公积金使用范围的趋势，例如子女买房可以用父母的住房公积金。

4.2.8 五险一金的缴费基数和比例是多少

🔒 问题场景

1
五险一金的缴费基数是一样的吧?

2
5 种社会保险和住房公积金的缴费基数多数情况下相同,但也可能不同。其中,5 种社会保险的缴费基数是相同的,详见后文。

3
以前有家企业给我缴纳五险一金的基数是我每月的基本工资,大概只是我全部应发工资的一半,这样对吗?

4
当然不对,五险一金的缴费基数不能只是劳动者的基本工资,应当是劳动者应发工资的总和,其中包括基本工资,也包括奖金、津贴、补贴等。

5
五险一金中,个人支付部分和单位承担部分的缴费比例都是相同的吗?

6
不一样。五险一金的缴费比例各不相同,而且不同地区、不同行业、不同用人单位五险一金的缴费比例都可能是不同的,详见后文。

● 问题拆解 ●

　　5 种社会保险的缴费基数是相同的,住房公积金的缴费基数在多数情况下和社会保险的缴费基数是一样的,但也可能存在不同。各地区五险一金的缴费比例不同。对于社会保险,用人单位的缴费比例总和大约是个人缴费比例总和的 3 倍左右;对于住房公积金,用人单位的缴费比例和个人缴费比例一般是相同的。

应对策略

　　社会保险的缴费基数是职工工资总额，包括工资、奖金、津贴、补贴等各类收入的总和，一般可以按照上年度职工月平均应发工资申报，但有上下限的限制。最低基数为职工所在地月平均工资额的 60%，最高基数为职工所在地月平均工资额的 300%。

　　住房公积金的缴费基数是职工个人上年度平均工资，一般每年调整一次。其中，职工月平均工资按工资总额计算。刚入职职工一般以其平均每月应发工资总额为基数。住房公积金的缴费基数不得低于当地的最低工资标准，上限是职工所在地月平均工资额的 3 倍。

　　所谓工资总额，可以参照国务院批准、国家统计局发布的《关于工资总额组成的规定》。

　　五险一金的缴费比例以各地区人社部门和住房公积金管理中心公布的政策为准，全国范围的法律法规对此有指导意见，但无明确规定。

　　《中华人民共和国住房公积金管理条例》

　　第十八条　职工和单位住房公积金的缴存比例均不得低于职工上一年度月平均工资的 5%；有条件的城市，可以适当提高缴存比例。具体缴存比例由住房公积金管理委员会拟订，经本级人民政府审核后，报省、自治区、直辖市人民政府批准。

五险一金的缴费比例参考

类型	用人单位缴费比例	劳动者个人缴费比例
基本养老保险	12%~20%	8%
基本医疗保险	6%~10%	2%
失业保险	2% 左右	1% 左右
生育保险	0.6%~1%	0
工伤保险	0.2%~2%	0
住房公积金	5%~12%	5%~12%

4.3　加班

4.3.1　自愿加班算加班吗

 问题场景

1 我以前工作的企业加班特别严重，总经理多次在公开讲话中倡导员工多加班，说加班是企业文化，希望员工自愿加班。

2 你提到的"自愿加班"是不是员工实际按照用人单位的意愿加班了，用人单位却要把加班包装成员工的个人行为？

3 没错！管理者不断给员工布置任务，正常上班时间根本做不完，员工要完成工作任务只能加班，但企业又不给员工批加班申请，就不能算加班。

4 这家企业的这种做法已经属于强制员工加班，涉嫌违法。

5 不仅如此，有的员工不愿在工作场所加班，把工作拿回家做，管理者还变本加厉给员工布置更多任务，严重侵占了员工的下班时间。

6 这算变相加班，你可以收集上下级的聊天记录、电子邮件及相关录音录像等证据，证明用人单位要求员工加班以及员工实际加班的事实来维权。

—— 问题拆解 ——

　　认定加班有两个要件，一是在标准工作时间外，二是应用人单位的要求或体现用人单位的意愿。事实大于形式，不论用人单位如何包装，都不能用形式来掩盖事实。如果实际情况是用人单位强制或迫使劳动者加班，劳动者可以收集和保留证据，以备维权。

应对策略

　　劳动者可以自愿付出更多的时间参与工作。如果事实是用人单位不期望劳动者加班，劳动者自愿加班，用人单位可以不将劳动者延长时间的工作算作加班。但用人单位不能通过各类手段，迫使劳动者"自愿加班"。

　　《中华人民共和国劳动合同法》

　　第三十一条　用人单位应当严格执行劳动定额标准，不得强迫或者变相强迫劳动者加班。用人单位安排加班的，应当按照国家有关规定向劳动者支付加班费。

　　可见，所有变相延长劳动者工作时间的行为都算用人单位要求劳动者加班。

　　需要注意的是，假如用人单位确实有自愿加班的问题，很多职工为了获得更好的工作结果自愿加班，在这种氛围下，劳动者为了在同事中取得竞争优势，也选择自愿加班，则很难被界定为用人单位变相强迫劳动者加班。

用人单位制造员工自愿加班假象的常见情况

利用下班时间开会

上级要求员工加班
却不批加班申请

到下班时间要求员工打卡"下班"
却不允许员工离开

安排过多的工作又要求员工在短
时间内完成

4.3.2　用人单位给够加班费就可以让劳动者无限加班吗

🔒 问题场景

1 我以前工作的企业有段时间要求员工按照"996"要求上班，就是早上9点上班，晚上9点下班，每周工作6天。

2 《中华人民共和国劳动法》对加班时间是有上限规定的，"996"显然已经严重违反《中华人民共和国劳动法》了。

3 可那家企业加班费给得挺足，这样加班时间越长，员工收入越高，大多数员工并没有怨言。

4 加班时间长和加班费足是两件事，用人单位就算给足加班费，甚至以超过加班费支付标准的费用来支付加班费，也不能超过劳动法规定的加班时间上限。

5 假如企业要求加班的时间已经超过法律规定，我该怎么办呢？

6 遇到这种情况，你可以先和用人单位协商。假如用人单位不同意，你可以搜集相关证据维权。

● 问题拆解 ●

　　《中华人民共和国劳动法》对劳动者的劳动时间和加班时间上限做出规定，是考虑到长期工作会影响人的身心健康。除非劳动者自愿投入时间工作，否则用人单位不能以任何形式使劳动者的加班时间超过法定加班时间。

应对策略

加班，指的是法定或国家规定的工作时间以外，正常工作日延长工作时间或双休日以及国家法定假日期间延长工作时间从事本职工作或其他生产经营性质的工作。

《国务院关于职工工作时间的规定》

第三条 职工每日工作 8 小时，每周工作 40 小时。

《中华人民共和国劳动法》

第四十一条 用人单位由于生产经营需要，经与工会和劳动者协商后可以延长工作时间，一般每日不得超过一小时；因特殊原因需要延长工作时间的，在保障劳动者身体健康的条件下延长工作时间每日不得超过三小时，但是每月不得超过三十六小时。

第四十二条 有下列情形之一的，延长工作时间不受本法第四十一条规定的限制：

（一）发生自然灾害、事故或者因其他原因，威胁劳动者生命健康和财产安全，需要紧急处理的；

（二）生产设备、交通运输线路、公共设施发生故障，影响生产和公众利益，必须及时抢修的；

（三）法律、行政法规规定的其他情形。

第四十三条 用人单位不得违反本法规定延长劳动者的工作时间。

第九十条 用人单位违反本法规定，延长劳动者工作时间的，由劳动行政部门给予警告，责令改正，并可以处以罚款。

证明加班时间的 6 类常见证据

考勤记录	考勤记录一般由用人单位掌握，劳动者虽难取得，但可通过拍照或录像记录自己每天上下班打卡时间。	用人单位发的加班通知、加班倡议、加班申请单等文件都可作为加班依据。	**内部文件**
工作痕迹	加班完成工作的时间记录，内部系统、沟通软件中的信息及电子邮件等都可作为工作痕迹。	假如用人单位是依法定标准给劳动者发放的加班费，加班时间即可通过劳动者的工资倒推得出。	**薪酬记录**
监控录像	用人单位的监控录像可以作为加班的辅助证据。	除物理证据外，证人证言也可作为加班的辅助证据。	**证人证言**

4.3.3　劳动者如何优雅地拒绝不情愿的加班

 问题场景

1 以前我在的企业有个员工拒绝加班，之后企业就以这个员工不服从企业日常管理、违反规章制度为理由将其开除了。

2 这么做显然已经涉嫌违法了。这个员工不仅可以要求用人单位做出补偿，还可以要求赔偿。

3 企业正常安排加班，员工不服从企业管理，不算违反企业的规章制度吗？

4 当然不算，用人单位无权要求劳动者加班，如果需要劳动者加班，必须和劳动者协商一致。

5 这么说劳动者可以拒绝加班了？

6 可以拒绝。当然，考虑到要在用人单位继续工作，拒绝的方式可以委婉一些，而且要有理有据地说明拒绝加班的具体原因。

—— **问题拆解** ——

　　没有所谓"正常加班"一说，正常情况下应该是不加班的。用人单位如果需要劳动者加班，必须经劳动者本人同意。劳动者如果不同意，用人单位不得强制要求劳动者加班。用人单位如果因劳动者拒绝加班而与劳动者解除劳动关系，则属于违法解除劳动关系。

应对策略

> 《中华人民共和国劳动法》
>
> 　　第四十一条　用人单位由于生产经营需要，经与工会和劳动者协商后可以延长工作时间，一般每日不得超过一小时；因特殊原因需要延长工作时间的，在保障劳动者身体健康的条件下延长工作时间每日不得超过三小时，但是每月不得超过三十六小时。
>
> 　　《中华人民共和国劳动合同法》
>
> 　　第三十一条　用人单位应当严格执行劳动定额标准，不得强迫或者变相强迫劳动者加班。用人单位安排加班的，应当按照国家有关规定向劳动者支付加班费。
>
> 　　加班是用人单位和劳动者协商而来的，用人单位无权强迫劳动者加班，劳动者可以拒绝加班。当然，劳动者在拒绝时要真诚地沟通，委婉地表达，让用人单位更容易接受。

● ─────────────── 劳动者可用来委婉拒绝加班的 3 类理由 ───────────────

劳动者身心健康出现问题不便加班，例如身患某种疾病需要足够的时间休养。

小贴士：如果不希望加班，劳动者平时与上级沟通时就可以表明自己对加班的态度，并强调自己会在正常上班时间内保质保量完成任务。

劳动者的家庭需要劳动者按时下班，例如孩子放学需要接，家里有老人需要照顾，或者家里有其他急事。

劳动者已提前做好别的安排不便加班，例如：晚上有个读书会，劳动者要担任主持人，已经提前两周约好；最近正在考在职研究生，每晚要安排时间学习。

4.3.4 计算加班费的工资基数是多少

问题场景

1 加班费应该怎么算呢?

2 关于加班费的计算标准,《中华人民共和国劳动法》和《工资支付暂行规定》中都有明确规定,分别是按照工资的 1.5 倍、2 倍和 3 倍支付加班费,后文将详细介绍。

3 这个标准我大概知道,可用人单位用来计算加班费的工资基数应该是多少呢? 这个问题似乎很容易出现争议。

4 这个主要看劳动合同或集体合同是否有相关约定,有约定的遵从约定,没有约定的,一般以劳动者当月扣除非常规性的奖金、补贴、福利后的应发工资作为加班费的计算基数。

5 可有的企业计算加班费的是岗位的基本工资,通过把基本工资设置得很低,把绩效工资设置得很高来少发加班费。

6 用人单位通过将劳动者的月工资拆分成显著低的基本工资和显著高的绩效、福利、津贴等,以达到少发劳动者加班工资目的的行为不会得到劳动争议仲裁委员会或人民法院的支持。

问题拆解

　　计算加班费的工资基数在全国法律法规中无明确规定。若劳动合同或集体合同中有约定,按约定执行,但该约定不能违反法律法规;若劳动合同或集体合同中无约定或约定不明确,一般以劳动者当月扣除非常规性的奖金、补贴、福利后的应发工资作为加班费的计算基数。

应对策略

《中华人民共和国劳动法》

第四十四条　有下列情形之一的，用人单位应当按照下列标准支付高于劳动者正常工作时间工资的工资报酬：

（一）安排劳动者延长工作时间的，支付不低于工资的百分之一百五十的工资报酬；

（二）休息日安排劳动者工作又不能安排补休的，支付不低于工资的百分之二百的工资报酬；

（三）法定休假日安排劳动者工作的，支付不低于工资的百分之三百的工资报酬。

实行计件工资制的劳动者，加班费可以参考《工资支付暂行规定》第十三条，同以上规定的原则，分别按照不低于其本人法定工作时间计件单价的 150%、200%、300% 支付其工资。

◆━━━━ 举例：上海市对加班工资基数的判定 ━━━━◆

上海市人力资源和社会保障局 2016 年 6 月 27 日印发的《上海市企业工资支付办法》中就有如下规定。

加班工资和假期工资的计算基数为劳动者所在岗位相对应的正常出勤月工资，不包括年终奖，上下班交通补贴、工作餐补贴、住房补贴，中夜班津贴、夏季高温津贴、加班工资等特殊情况下支付的工资。

《上海市高级人民法院关于劳动争议若干问题的解答》【2010】34 号中有如下内容。

用人单位与劳动者对月工资有约定的，加班工资基数应按双方约定的正常工作时间的月工资来确定；如双方对月工资没有约定或约定不明的，应按《中华人民共和国劳动合同法》第十八条规定来确定正常工作时间的月工资，并以确定的工资数额作为加班工资的计算基数。

如按《中华人民共和国劳动合同法》第十八条规定仍无法确定正常工作时间工资数额的，对加班工资的基数，可按照劳动者实际获得的月收入扣除非常规性奖金、福利性、风险性等项目后的正常工作时间的月工资确定。

如工资系打包支付，或双方形式上约定的"正常工作时间工资"标准明显不合常理，或有证据可以证明用人单位恶意将本应计入正常工作时间工资的项目归入非常规性奖金、福利性、风险性等项目中，以达到减少正常工作时间工资数额计算目的的，可参考实际收入 ×70% 的标准进行适当调整。

按上述原则确定的加班工资基数均不得低于本市月最低工资标准。

《中华人民共和国劳动合同法》

第十八条　劳动合同对劳动报酬和劳动条件等标准约定不明确，引发争议的，用人单位与劳动者可以重新协商；协商不成的，适用集体合同规定；没有集体合同或者集体合同未规定劳动报酬的，实行同工同酬；没有集体合同或者集体合同未规定劳动条件等标准的，适用国家有关规定。

4.3.5 特殊工时制下怎么上班

🔒 问题场景

1
为什么有些企业可以让劳动者一天连续工作 12 小时，却不受法律的制裁？

2
那可能是因为这些企业采用了特殊工时制，所以就算某天让劳动者连续工作 12 小时也不违法。

3
特殊工时制是什么意思？

4
特殊工时制不同于每天工作 8 小时的标准工时制。只要保证劳动者有足够的休息时间，在劳动者权益不受损的情况下，用人单位可根据自身情况安排劳动者连续工作较长时间。

5
那这样每个用人单位不都可以说自己是特殊工时制，而要求劳动者上更长时间的班吗？

6
特殊工时制并非可以随意应用，它需要用人单位申请，只有符合条件才能获得审批并使用。而且这也不代表可以随意延长劳动者工作时间，是有限制的。

● 问题拆解 ●

　　有些用人单位的业务有淡旺季之分；有些岗位可能存在需要在一段时间集中上班，在另外一些时间却不需要上班的情况；有些岗位的工作是不定时的。这些情况下，用人单位可以申请采取特殊工时制。特殊工时制有两种，分别是综合计算工时工作制（下简称"综合工时制"）和不定时工作制。

应对策略

　　我国的工时制度有3种，分别是标准工时制、综合工时制和不定时工时制。用人单位可以根据经营特点，选择适合自身的工时制度。

　　《关于企业实行不定时工作制和综合计算工时工作制的审批办法》

　　第四条　企业对符合下列条件之一的职工，可以实行不定时工作制。

　　（一）企业中的高级管理人员、外勤人员、推销人员、部分值班人员和其他因工作无法按标准工作时间衡量的职工；

　　（二）企业中的长途运输人员、出租汽车司机和铁路、港口、仓库的部分装卸人员以及因工作性质特殊，需机动作业的职工；

　　（三）其他因生产特点、工作特殊需要或职责范围的关系，适合实行不定时工作制的职工。

　　第五条　企业对符合下列条件之一的职工，可实行综合计算工时工作制，即分别以周、月、季、年等为周期，综合计算工作时间，但其平均日工作时间和平均周工作时间应与法定标准工作时间基本相同。

　　（一）交通、铁路、邮电、水运、航空、渔业等行业中因工作性质特殊，需连续作业的职工；

　　（二）地质及资源勘探、建筑、制盐、制糖、旅游等受季节和自然条件限制的行业的部分职工；

　　（三）其他适合实行综合计算工时工作制的职工。

---

3 种工时制度的特点

1 标准 工时制	标准工时制是我国最普遍的工时制度。在标准工时制下，劳动者每天工作时间是 8 小时，每周工作时间是 40 小时；用人单位应保证劳动者每周至少休息 1 天；因生产经营需要，一般每天延长工作时间不得超过 1 小时；特殊原因每天延长工作时间不得超过 3 小时；每月延长工作时间不得超过 36 小时。如果用人单位不做任何申请，默认为标准工时制。
2 综合 工时制	综合工时制是以标准工时为计算基础，在一定时期及范围内，综合计算工作时间的工时制度。采用这种工时制度可以不再以天为单位来计算工作时间，而用更长的时间，比如用月、季度、年为单位来计算工作时间，只要保证平均每一天或平均每一周的工作时间和标准工时制的工作时间基本相同就可以。
3 不定时 工时制	标准工时制和综合工时制都属于定时工时制，它们都根据工作时间来衡量劳动者的劳动量。而不定时工时制是一种直接确定劳动者工作量的工时制度，它不是按工作时间，而是根据最后完成的工作结果来衡量劳动者工作量。计件工资就是不定时工时制的一种表现形式。

4.3.6 特殊工时制如何计算加班费

🔒 问题场景

1
假如用人单位采取的是特殊工时制，怎么计算加班费呢？

2
要看采取的是综合工时制还是不定时工时制，这两种特殊工时制计算加班费的方法是不同的。

3
综合工时制怎么计算加班费呢？

4
综合工时制是对多出的工作时间按1.5倍工资和法定休假日按3倍工资来计算加班费的。

5
不定时工时制怎么计算加班费呢？

6
不定时工时制下，除了在法定休假日工作，通常都不算加班。在法定休假日加班有3倍工资的加班费。

● 问题拆解 ●

　　如果采取的是综合工时制，某个工作日的工作时间超过8小时或某一周的工作时间超过40小时不一定算加班，是否加班应看综合计算后的工作时间是否超过法定工作时间。如果采取的是不定时工时制，除了在法定休假日工作，通常都不算加班。

应对策略

　　经批准实行综合工时制的用人单位，在综合计算周期内的总实际工作时间不应超过总法定标准工作时间，超过部分应视为延长工作时间并按《中华人民共和国劳动法》第四十四条第一款的规定支付工资报酬，其中法定休假日安排劳动者工作的，按《中华人民共和国劳动法》第四十四条第三款的规定支付工资报酬。而且，延长工作时间的小时数平均每月不得超过36小时。

　　经批准实行不定时工时制的用人单位在标准工作日和休息日一般不需要支付加班费。但应注意，用人单位在法定休假日安排劳动者工作的，仍应按照不低于本人工资标准的300%支付加班费。

　　《关于职工工作时间有关问题的复函》

　　五、经批准实施综合计算工时工作制的用人单位，在计算周期内若日（或周）的平均工作时间没超过法定标准工作时间，但某一具体日（或周）的实际工作时间工作超过8小时（或40小时），"超过"部分是否视为加点（或加班）且受《劳动法》第四十一条的限制？

　　依据《关于企业实行不定时工作制和综合计算工时工作制的审批办法》第五条的规定，综合计算工时工作制采用的是以周、月、季、年等为周期综合计算工作时间，但其平均日工作时间和平均周工作时间应与法定标准工作时间基本相同。也就是说，在综合计算周期内，某一具体日（或周）的实际工作时间可以超过8小时（或40小时），但综合计算周期内的总实际工作时间不应超过总法定标准工作时间，超过部分应视为延长工作时间并按《劳动法》第四十四条第一款的规定支付工资报酬，其中法定休假日安排劳动者工作的，按《劳动法》第四十四条第三款的规定支付工资报酬。而且，延长工作时间的小时数平均每月不得超过36小时。

————● 3种工时制度下加班费计算方法比较 ●————

工时制度	标准工作日	休息日	法定休假日
标准工时制	1.5倍工资	2倍工资	3倍工资
综合工时制	1.5倍工资		3倍工资
不定时工时制	不算加班		3倍工资

4.3.7　加班后补休可以抵加班费吗

问题场景

1 我以前工作的企业为了不支付加班费，每次在我们加完班后就给我们安排补休，这样也行吧，至少也休假了，只是可惜一些法定休假日不能和家人团聚。

2 那家企业在要求你们法定休假日加班并补休后，不支付加班费吗？

3 加班费？企业都已经安排补休了，还需要支付加班费吗？

4 企业安排的补休并不能抵扣法定休假日的加班费。

5 啊？为什么？难道我在法定休假日加班，企业就算安排补休了，依然要支付我加班费？

6 是的，实际上不只是法定休假日加班，标准工时制下非休息日加班的情况企业也不能通过安排补休来使自己免于支付加班费。

● 问题拆解 ●

　　从保护劳动者身心健康的角度，法律法规期望用人单位要求劳动者加班后，优先给劳动者补休。从维护劳动者合法权益的角度，法律法规又规定在某些情况下用人单位就算安排了补休，依然要支付加班费，从而使用人单位谨慎安排劳动者加班。

应对策略

加班后安排补休并不一定能够抵扣用人单位应付的加班费。

《关于职工工作时间有关问题的复函》

四、休息日或法定休假日加班，用人单位可否不支付加班费而给予补休？补休的标准如何确定？

依据《劳动法》第四十四条规定，休息日安排劳动者加班工作的，应首先安排补休，不能补休时，则应支付不低于工资的百分之二百的工资报酬。补休时间应等同于加班时间。法定休假日安排劳动者加班工作的，应另外支付不低于工资的百分之三百的工资报酬，一般不安排补休。

──────●──────　加班后补休或支付加班费的 3 种情况　──────●──────

通常来说，在实践中，标准工时制下，若不能给工作日加班的劳动者安排补休，用人单位要支付 1.5 倍工资的加班费；在采取综合工时制的用人单位中，若某工作日高于 8 小时的工作时间不算加班的，则用人单位无须支付加班费，也无补休；在采取不定时工时制的用人单位中，工作日延长工作时间不算加班，无加班费和补休。

标准工时制下，对法定休假日加班的劳动者，就算安排补休了，用人单位依然要支付 3 倍工资的加班费；在综合工时制和不定时工时制下，只要劳动者在法定休假日上班，用人单位就要支付 3 倍工资，一般不安排补休。

标准工时制下，对休息日加班的劳动者，用人单位可以安排补休而不支付加班费。法律从保护劳动者身心健康的角度，倡导优先安排劳动者补休，而非支付加班费。综合工时制下，因综合计算工作时间无法区分工作日和休息日，多出来的工作时间统一按 1.5 倍工资支付加班费；不定时工时制下，休息日工作不算加班，无加班费和补休。

4.3.8 出差占用休息时间算加班吗

问题场景

1 我有一次出差，周五下午三点到达出差所在地酒店，第二周周一在出差地开展工作。这样我周六和周日不算加班？用人单位应不应该给我发双倍工资呢？

2 你周六和周日工作了吗？

3 我没有工作，处于休息状态，但我并没有在家休息，做不了我想做的事啊。

4 在异地出差时的休息日或法定休假日只要没有提供劳动，属于劳动者可以自由支配的休息时间，就不能算加班时间。

5 那我出差时在旅途中的时间比较长，能不能算加班时间呢？

6 从出发到返回过程中必须经历的旅途时间应算作工作时间，它和出差期间的工作时间合在一起作为劳动者出差期间的总工作时间。

• 问题拆解 **•**

　　劳动者出差时，一般将旅途第一个交通工具的出发时间算作起始时间，将旅途最后一个交通工具返回用人单位或家的时间算作结束时间。从起始时间到结束时间内，乘坐所有交通工具的旅途时间因属于完成工作任务的组成部分，一般算作工作时间。

应对策略

法律法规对出差过程中的在途时间是否属于工作时间没有明确定义，但按照判例来看，在途时间是劳动者完成工作任务必须经历的程序时间，应当被核定为工作时间。所以判断出差期间是否算加班，应当把员工在途时间与出差期间的工作时间合并计算。

判断劳动者出差过程算不算加班，就看劳动者属于哪种工时制度，以及合并计算的所有工作时间是否超过标准工作时间。

出差加班费的计算标准

连同路程的起止时间如果在法定工作时间范围内，则不算加班；连同路程的起止时间如果超过法定工作时间，但不包含休息日或法定休假日，则按工资的 150% 计算加班费；连同路程的起止时间如果包括休息日，但不包括法定休假日，则占用休息日的部分按工资的 200% 计算加班费，可以优先补休；连同路程的起止时间如果包含法定休假日，则占用法定休假日的部分按工资的 300% 计算加班费。

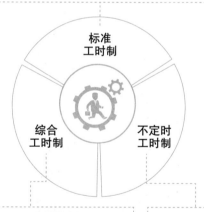

连同路程累积耗用的时间如果没有超过标准工作时间，则不算加班；如果超过标准工作时间，但不包括法定休假日，无论是否包含休息日，一律按工资的 150% 计算加班费；只要包含法定休假日，均按工资的 300% 计算加班费。

连同路程累积耗用的时间无论是否超过标准工作时间，都不算加班；过程中只要包含法定休假日，均按工资的 300% 计算加班费。

4.3.9　加班和值班如何界定

🔒 问题场景

1 之前有家企业要求我晚上加班，但不按照法定标准发加班费。我去找 HR 理论，HR 说我那属于值班，不是加班，不需要按加班标准发加班费。

2 值班费的发放标准确实可以低于加班费。不过我们可以先判断一下你的情况究竟属于值班还是加班。

3 如何判断呢？

4 你在延长的工作时间内有没有做本职工作？这段时间中的大多数时候你能不能休息呢？

5 我做的是上级安排的工作，当然不能休息了。能休息的话我晚上还留在那里干吗？

6 这种情况应该算加班，用人单位应该支付加班费，而不是值班费。

● 问题拆解 ●

　　用人单位不能以值班的名义让劳动者加班，而只支付劳动者较少的值班费。如果劳动者实际在加班，用人单位却将其包装成劳动者是值班，劳动者可以搜集相关证据维权，要求用人单位赔偿。

应对策略

加班和值班有什么区别？

加班是指劳动者在工作日正常上班时间外、休息日或法定休假日继续从事本职工作，一般以小时或天为计算单位。

值班是用人单位根据消防、安全、环保等需要，安排的与劳动者本职工作没有关联的、非生产性的工作（例如巡逻、看门、接电话），或虽然与劳动者的本职工作有一定关联，但劳动者在此期间可以休息的工作。

————————— 加班与值班的 4 个关键不同 —————————

加班是在本岗位从事本职工作；值班可能处在本岗位，也可能处在别的岗位（例如门卫），但通常并不从事本职工作。

加班过程中大多数时间是像正常上班一样连续作业，不能休息的；但值班过程中的大多数时间是不劳动，可以休息的。一般来说，值班的劳动强度远低于加班。

本职
工作

能否
休息

时间
限制

费用
差异

加班有明确的时间限制，法律法规有明确规定；值班是没有时间限制的，当然底线是不影响劳动者的身心健康。

对于加班费，法律法规有明确的标准；值班的报酬标准法律上并无明确规定，主要看用人单位的集体合同或规章制度。一般来说，值班待遇比加班待遇差。

4.4 休假

4.4.1 劳动者可以享受哪些假期

 问题场景

1 "五一"假期放的 3 天假和"十一"假期放的 7 天假都属于法定休假日，如果我加班的话，用人单位都应该按照 3 倍工资发加班费是吧？

2 "五一"假期和"十一"假期分别属于劳动节休假和国庆节休假，属于法定休假日范畴，但"五一"假期的法定休假日是 5 月 1 日 1 天；"十一"假期的法定休假日是 10 月 1 日、2 日、3 日 3 天。

3 那"五一"假期和"十一"假期分别放的 3 天假和 7 天假是怎么回事呢？

4 那是法定休假日与周末的休息日合并后的总时间。

5 这么说，"五一"假期只有 1 天，"十一"假期只有 3 天能享受 3 倍工资的加班费是吧？

6 是的，非法定休假日的休息日补休或加班费标准可参见前文内容。

● 问题拆解 ●

　　在劳动法律法规中，休息日和法定休假日是不同的概念，对应的劳动者权益也有所不同。休息日是指标准工时制每周的双休或综合工时制每周的单休，并不限于每周六、周日或每周末。很多行业可能将其安排在另外两天，所以有调休一说。法定休假日则是法律明确规定的放假节日。

《全国年节及纪念日放假办法》

第二条 全体公民放假的节日：

（一）新年，放假1天（1月1日）；

（二）春节，放假3天（农历正月初一、初二、初三）；

（三）清明节，放假1天（农历清明当日）；

（四）劳动节，放假1天（5月1日）；

（五）端午节，放假1天（农历端午当日）；

（六）中秋节，放假1天（农历中秋当日）；

（七）国庆节，放假3天（10月1日、2日、3日）。

第三条 部分公民放假的节日及纪念日：

（一）妇女节（3月8日），妇女放假半天；

（二）青年节（5月4日），14周岁以上的青年放假半天；

（三）儿童节（6月1日），不满14周岁的少年儿童放假1天；

（四）中国人民解放军建军纪念日（8月1日），现役军人放假半天。

常见的5类假期

国家法定全体公民及部分公民享受的假日，参考《全国年节及纪念日放假办法》第二条和第三条的规定。

《中华人民共和国劳动法》规定在用人单位（根据关于《企业职工带薪年休假实施办法》有关问题的复函第一条，此处的用人单位既包括同一用人单位，也包括不同用人单位）连续工作满一年的劳动者可享受的假期。

劳动者非因工负伤或患病时可以享受的医疗期，后文将详细介绍。

实行标准工时制的用人单位通常将每周六和周日作为劳动者的正常休息日。当然很多行业因自身特殊需要可能并非固定将周六、周日作为休息日，而是另外的两天；实行综合工时制和不定时工时制的用人单位则可能无固定休息日一说。

包括劳动者因各种情况请的事假，劳动者因结婚请的婚假，劳动者因直系亲属死亡请的丧假，女职工因生产请的产假，男职工因照顾配偶生产请的陪产假（部分地区称为护理假）等。

4.4.2 带薪年休假该怎么休

🔒 问题场景

1 我以前刚到一家企业工作时，听说同事都有法定年休假，而我却没有，HR 说要工作满 1 年才有，真是这样吗？

2 确实是这样，法律规定劳动者要连续工作满 1 年，才能享受法定年休假。

3 就算能享受法定年休假我也不想休，多上班还能多拿工资。

4 法定年休假都是带薪的，所以一般叫带薪年休假。

5 这样的话我也想休。可那家企业平时工作任务比较多，很多老员工实际上都没享受带薪年休假，这种情况怎么办呢？

6 这种情况可以协商，法律规定经劳动者同意后，用人单位可以按劳动者 3 倍日工资／天的标准补偿未休的带薪年休假。

● 问题拆解 ●

　　带薪年休假是法律规定的假期之一。与法定休假日不同的是，带薪年休假只规定了休假总天数。劳动者的具体休假方式需要考虑用人单位的生产经营状况，与用人单位协商确定。若劳动者不能休满应休的带薪年休假，应得到相应补偿。

应对策略

《中华人民共和国劳动法》

第四十五条　国家实行带薪年休假制度。

劳动者连续工作一年以上的，享受带薪年休假。具体办法由国务院规定。

《职工带薪年休假条例》

第二条　机关、团体、企业、事业单位、民办非企业单位、有雇工的个体工商户等单位的职工连续工作 1 年以上的，享受带薪年休假（以下简称年休假）。单位应当保证职工享受年休假。职工在年休假期间享受与正常工作期间相同的工资收入。

第三条　职工累计工作已满 1 年不满 10 年的，年休假 5 天；已满 10 年不满 20 年的，年休假 10 天；已满 20 年的，年休假 15 天。

国家法定休假日、休息日不计入年休假的假期。

第五条　单位根据生产、工作的具体情况，并考虑职工本人意愿，统筹安排职工年休假。

年休假在 1 个年度内可以集中安排，也可以分段安排，一般不跨年度安排。单位因生产、工作特点确有必要跨年度安排职工年休假的，可以跨 1 个年度安排。

单位确因工作需要不能安排职工休年休假的，经职工本人同意，可以不安排职工休年休假。对职工应休未休的年休假天数，单位应当按照该职工日工资收入的 300% 支付年休假工资报酬。

另可参考《企业职工带薪年休假实施办法》中的相关规定。

法定不能享受带薪年休假的 5 种情况

职工依法享受寒暑假，其休假天数多于带薪年休假天数的。

职工请事假累计 20 天以上且用人单位按照规定不扣工资的。

累计工作满 1 年不满 10 年的职工，请病假累计 2 个月以上的。

累计工作满 10 年不满 20 年的职工，请病假累计 3 个月以上的。

累计工作满 20 年以上的职工，请病假累计 4 个月以上的。

4.4.3   病假和医疗期是一回事吗

 问题场景

1
我想知道休病假是不是可以享受医疗期待遇呢？

2
这要看病假的时间长度有没有覆盖医疗期。

3
假如我身处医疗期，有没有工资呢？

4
国家法律法规对医疗期的工资只有不能低于当地最低工资标准80%的规定。实务中确定病假工资一般首先看地方是否有相关规定；再看用人单位的规章制度或集体合同是否有相关规定。

5
医疗期具体有多久，可以怎么休呢？

6
《企业职工患病或非因工负伤医疗期规定》的第三条对医疗期有具体规定，具体时间根据实际工作年限和在本单位的工作年限确定，后文有详细介绍。

● 问题拆解 ●

　　病假和医疗期不是一个概念。病假是用人单位的管理概念，而医疗期属于法律概念。如果病假时间短于或等于医疗期，则劳动者在病假期间应享受医疗期待遇；如果病假时间已经超过医疗期，此时对病假的管理应遵从用人单位的相关规章制度。

应对策略

病假，是指劳动者本人因患病或非因工负伤，经医院出具诊断证明后，需要停止工作医疗，而向用人单位申请休息治疗的假期。

劳动法律法规中有"医疗期"的概念，它指根据劳动者本人实际参加工作年限和在本单位的工作年限，给予的医疗假期。

《企业职工患病或非因工负伤医疗期规定》

第三条 企业职工因患病或非因工负伤，需要停止工作医疗时，根据本人实际参加工作年限和在本单位工作年限，给予三个月到二十四个月的医疗期：

（一）实际工作年限十年以下的，在本单位工作年限五年以下的为三个月；五年以上的为六个月。

（二）实际工作年限十年以上的，在本单位工作年限五年以下的为六个月；五年以上十年以下的为九个月；十年以上十五年以下的为十二个月；十五年以上二十年以下的为十八个月；二十年以上的为二十四个月。

关于病假的 4 个常见问题

1. 医疗期内，用人单位可以和劳动者解除劳动合同吗？

不可以。根据《中华人民共和国劳动合同法》，用人单位不得在劳动者因患病或非因工负伤的规定医疗期内与劳动者解除劳动合同。

2. 用人单位可以不批准劳动者的病假吗？

健康和休息是劳动者的基本权益。当医院已出具诊断证明建议劳动者休息时，用人单位只有审查医院诊断证明真实性及审查请假流程完备性的权力，无权不批准劳动者休假。

假如劳动者医疗期满后不能从事原工作，也不能从事由用人单位另行安排的工作，根据《中华人民共和国劳动合同法》的规定，在医疗期满后，用人单位可以提前30 日以书面形式通知劳动者本人或额外支付劳动者 1 个月工资后，解除劳动合同。

3. 病假工资如何确定？

国家法律法规对此没有明确规定，在《关于印发〈关于贯彻执行《中华人民共和国劳动法》若干问题的意见〉的通知》中有不能低于当地最低工资标准 80% 的规定。实务中确定病假工资，一般首先看地方是否有相关规定，再看用人单位的规章制度或集体合同是否有相关规定。

4. 医疗期包括法定休假日吗？医疗期可以延长吗？

各类休息日和法定休假日全部包括在医疗期内。对于某些患特殊疾病（如癌症、精神病、瘫痪等）在 24 个月内尚不能痊愈的，经用人单位和劳动主管部门批准，可适当延长医疗期。

4.4.4 劳动者提出事假申请，用人单位可以不批准吗

 问题场景

1 我以前有过请事假用人单位不批准的情况，这违法吧？

2 这要看是什么样的事假，如果不是法律法规有明确规定的事项，且请事假的原因不合情理，用人单位是可以不批准的。

3 那如果我不理会用人单位是否批准，直接休会怎么样？

4 这样用人单位可以按规章制度算你旷工。用人单位可以规定旷工属于严重违反规章制度的行为，据此可以依法和你解除劳动关系且不需要给你任何补偿。

5 那我要怎样让用人单位批准我的事假呢？

6 建议你尽早规划事假，以便给用人单位足够的时间来调整工作。这样他们可能会更愿意批准你的事假。

—— 问题拆解 ——

　　劳动者除了享有休息日和法律规定的各类假期外，遇到临时事件还可以请事假。但与各类法定假期不同的是，用人单位对事假管理的主要依据是本单位的规章制度。需要特别注意的是，对劳动者提出的事假申请，用人单位是有权不批准的。

应对策略

事假指的是劳动者因私事需要离开工作岗位而请的假。用人单位依照规章制度明确劳动者请事假的流程和审批权限。

《中华人民共和国劳动法》

第四条 用人单位应当依法建立和完善规章制度，保障劳动者享有劳动权利和履行劳动义务。

关于事假的 4 个常见问题

1. 不论何种事假，用人单位都可以不批准吗？

虽然用人单位对劳动者的事假有审批的权力，对劳动者的一些事假可以不批准，但对于有些与其他法律法规相关联的事假，用人单位应当批准。例如，劳动者请事假照顾住院的父母，根据《中华人民共和国老年人权益保障法》相关规定，用人单位应当批准。对于是否批准事假，用人单位除法律关联外，还应考虑人情世故。

2. 事假期间的工资是多少？

法律法规对事假工资并无明确规定，用人单位可以参照集体合同或规章制度，事假期间不给劳动者提供报酬。但对于某些法律法规有明确规定的事假，用人单位应当遵照规定支付工资。

《工资支付暂行规定》

第十条 劳动者在法定工作时间内依法参加社会活动期间，用人单位应视同其提供了正常劳动而支付工资。社会活动包括：依法行使选举权或被选举权；当选代表出席乡（镇）、区以上政府、党派、工会、青年团、妇女联合会等组织召开的会议；出任人民法庭证明人；出席劳动模范、先进工作者大会；《工会法》规定的不脱产工会基层委员会委员因工会活动占用的生产或工作时间；其它依法参加的社会活动。

3. 事假时间较长时，五险一金怎么办？

事假期间用人单位虽可以不发工资，但只要未与劳动者解除劳动关系，就要照常为劳动者缴纳五险一金。劳动者工资不足以缴纳五险一金个人部分时，用人单位可先垫付，之后找劳动者补齐。

4. 事假时间较长对劳动者有何影响？

一来影响收入，二来影响用人单位对劳动者的评价，三来影响带薪年休假。根据《职工带薪年休假条例》和《企业职工带薪年休假实施办法》，职工请事假累计 20 天以上且单位按规定不扣工资的，将不享受带薪年休假。若当年已享受带薪年休假，则不享受下一年度的带薪年休假。

4.4.5　请婚丧假有哪些注意事项

 问题场景

1 婚丧假是法定假期吗？用人单位可以不批准吗？

2 婚丧假是法定假期，用人单位一般不能不批准，但可以和劳动者协商具体的休假日期，以兼顾工作需要和劳动者的个人诉求。

3 实际没有婚丧情况的员工可以假借婚丧假名义休假吗？

4 虚假休假属于欺骗行为，很可能对劳动者不利。用人单位可以而且应当实施必要审核程序，例如要求劳动者提供结婚证或直系亲属的死亡证明等。

5 请丧假的范围有多大呢？

6 全国可参照的规范是直系亲属（父母、配偶和子女）死亡时可以享受丧假。用人单位可以在集体合同或规章制度中扩大这个范围，但不能缩小。

—— • 问题拆解 • ——

　　劳动者依法享有休婚丧假的权利。全国对婚丧假的具体操作细则有参照规定，但无明确标准。除全国规定的 3 个工作日外，关于婚丧假的实施一是可以参考当地规定，二是可以参考用人单位以合法合规程序通过的集体合同或规章制度。

　　婚丧假，是指劳动者因本人结婚或直系亲属死亡而依法享有的假期。国家层面的法律法规对婚丧假的具体实施无明确规定。目前可查、明确的国家法规是婚丧假在 3 个工作日内的，工资照发，且可视情况给予路程假。

　　《关于国营企业职工请婚丧假和路程假问题的通知》

　　企业单位的职工请婚丧假在三个工作日以内的，工资照发。

　　一、职工本人结婚或职工的直系亲属（父母、配偶和子女）死亡时，可以根据具体情况，由本单位行政领导批准，酌情给予一至三天的婚丧假。

　　二、职工结婚时双方不在一地工作的；职工在外地的直系亲属死亡时需要职工本人去外地料理丧事的，都可以根据路程远近，另给予路程假。

　　三、在批准的婚丧假和路程假期间，职工的工资照发。途中的车船费等，由职工自理。

关于婚丧假的 4 个常见问题

1. 法定婚丧假的时间不够怎么办？

法定的婚丧假是 3 个工作日，可以合并前后休息日一起休；如果不够，可以请带薪年休假；如果还不够，可以请事假。

2. 婚丧假期间的工资标准是什么？

除《关于国营企业职工请婚丧假和路程假问题的通知》中明确的内容，全国无统一规定，对于多请的婚丧假，用人单位可以根据假期性质确定工资标准。

3. 再婚可以享受婚假吗？

据《劳动和社会保障部办公厅关于对再婚职工婚假问题的复函》，再婚者与初婚者法律地位相同，再婚职工应参照国家有关规定，享受与初婚职工一样的婚假待遇。

4. 入职前领的结婚证，入职后能享受婚假吗？

法律法规对此无明确规定，主要参考用人单位的规章制度或集体合同。只要规章制度通过程序或集体合同签订程序合法合规，对于该情况可享受或不可享受婚假的规定用人单位都有权做出。

4.4.6　休产假要注意什么

 问题场景

1 产假可以休多少天呢？

2 这个每个地区的规定都有所不同。

3 产假期间用人单位不发工资合法吗？生育津贴和产假工资不可以同时享受吗？

4 二者一般不可以同时享受，只能享受其一。劳动者正常缴纳生育保险费的情况下，只享受生育津贴，用人单位可以不发工资。

5 产假不包括产前检查的假期吧？每次去做产前检查都要请事假吧？

6 根据《女职工劳动保护特别规定》，劳动时间内进行产前检查，所需时间计入劳动时间，也就是要视为出勤，不能按病假、事假或旷工对待。

◆ 问题拆解 ◆

　　产假也是法定假期的一种，应遵从相关的法律法规。全国的法律法规只规定了产假天数的下限。针对产假，各地区都有相关规定，其中产假天数和相关政策各不相同。产假的具体天数、待遇和休假方式应以本地区规定为准。

应对策略

产假是女职工因生育而享有的假期。

《中华人民共和国劳动法》

第六十二条 女职工生育享受不少于九十天的产假。

《女职工劳动保护特别规定》

第七条 女职工生育享受 98 天产假，其中产前可以休假 15 天；难产的，增加产假 15 天；生育多胞胎的，每多生育 1 个婴儿，增加产假 15 天。

女职工怀孕未满 4 个月流产的，享受 15 天产假；怀孕满 4 个月流产的，享受 42 天产假。

第八条 女职工产假期间的生育津贴，对已经参加生育保险的，按照用人单位上年度职工月平均工资的标准由生育保险基金支付；对未参加生育保险的，按照女职工产假前工资的标准由用人单位支付。

女职工生育或者流产的医疗费用，按照生育保险规定的项目和标准，对已经参加生育保险的，由生育保险基金支付；对未参加生育保险的，由用人单位支付。

关于产假和产假期间待遇的问题可参考《劳动部关于女职工生育待遇若干问题的通知》。

关于产假与女职工生产的地区规定名称一般为"××（地区）人口和计划生育条例"。

关于产假的 4 个常见问题

1. 产假包含休息日和法定休假日吗？

全国层面的法律法规没有明确规定，不同地区有不同的规定。有的地区明确规定包含，有的地区则规定产假不包含法定休假日。从立法意图看，比较明确的是产假应包含每周的休息日。

2. 若孕期身体不适，提前休的 15 天产假不够，可以再提前吗？

如果各地区有规定的，按相关规定执行。若无规定，一般不可以。但劳动者可以让医院开具证明，以病假的形式提前休假。

3. 产假未休完，用人单位可以要求劳动者提前上班吗？ 未休完的产假可以之后再休吗？

用人单位不得强制未休完产假的劳动者提前上班，但可以与劳动者协商。如果劳动者同意，用人单位一般应按未休完产假天数给予劳动者一定补偿。从法律角度说，未休完的产假不能之后再休。

4. 配偶生育，男职工能休陪产假吗？

一般可以。随着鼓励生育政策和各地区人口与计划生育条例的不断完善，很多地区都推出了男职工的陪产假，其中很多还规定男职工在陪产假期间可以领取津贴。具体以各地区规定为准。

4.4.7　哺乳假和哺乳期内的哺乳时间分别怎么用

 问题场景

1
我觉得产假不够用，除了合并带薪年休假和事假外，就不能再休一段时间的哺乳假吗？

2
法律法规中有关于哺乳期的规定，但没有关于哺乳假的规定。

3
我一个朋友说她休了哺乳假，而且在哺乳假期间还拿到了部分工资，这是怎么回事呢？

4
这应该属于地方规定。每个地区会有自己的女职工劳动保护条例，其中可能会有哺乳假的相关规定，但仅适用于当地。

5
哺乳期内每天1小时的哺乳时间要一起用，还是可以分开用？

6
可以分开用，也可以一起用。具体怎么用，女职工可以与用人单位协商。

── 问题拆解 ──

　　哺乳假不同于产假，是对产假的补充。对哺乳假有规定的地区，一般规定劳动者休哺乳假要征得用人单位的同意。有些地区规定了哺乳假期间的工资标准，有些地区则规定哺乳假期间的工资标准由劳动者和用人单位协商。

応对策略

哺乳期是女职工在哺乳未满 1 周岁的婴儿时，每天依法享有的哺乳时间。哺乳期是全国法律中统一的概念，适用于全国各地区。

哺乳假是女职工产假期满，在哺乳期间，为了更好地照顾婴儿而申请多休至哺乳期结束的假期。哺乳假是地方性法规中的概念，仅适用于相关地区。

《女职工劳动保护特别规定》

第九条　对哺乳未满 1 周岁婴儿的女职工，用人单位不得延长劳动时间或者安排夜班劳动。

用人单位应当在每天的劳动时间内为哺乳期女职工安排 1 小时哺乳时间；女职工生育多胞胎的，每多哺乳 1 个婴儿每天增加 1 小时哺乳时间。

关于哺乳期的 4 个常见问题

1. 每天 1 小时的哺乳时间一定要回家才可以使用？

哺乳时间对应的地点不一定是家里，也可以是单位。但若在单位，这 1 小时是女职工专门用来哺乳的时间，用人单位不得要求女职工在此期间工作。

2. 用人单位可以安排女职工在哺乳期间加班吗？

不可以，用人单位不得安排女职工在哺乳未满 1 周岁的婴儿期间从事国家规定的第三级体力劳动强度的劳动和哺乳期禁忌从事的其他劳动，不得延长工作时间和安排夜班劳动。

3. 哺乳期间无法胜任工作怎么办？

女职工在哺乳期间无法胜任工作的，可以与用人单位协商调岗，改善工作条件或减少工作量。

4. 用人单位可以对哺乳期的女职工降工资或辞退吗？

不可以，用人单位不得因女职工怀孕、生育、哺乳而降低其工资、予以辞退、与其解除劳动合同或聘用合同。

4.4.8　探亲假适用于所有人吗

问题场景

1
为什么我朋友的单位有探亲假，而我的单位却没有呢？我的单位是不是违法了？

2
法定的探亲假并不是所有单位职工都有的，主要针对在国家机关、人民团体和全民所有制企业、事业单位工作满一年的固定职工。

3
不在这个范围内的就不享受法定的探亲假了是吧？

4
是的，但一些法律或地区法规可能会有关联规定。例如，老年人权益保障的相关法律法规可能规定子女因护理老年人而请假，用人单位应当准假。

5
可我也有探亲的需求，也想休探亲假，怎么办呢？

6
你可以先看有没有关联规定。如果没有，你可以和用人单位协商。如果用人单位不同意，你可以通过组合使用别的法定假期来达到探亲目的。

问题拆解

　　探亲假虽然是一种法定假期，但相关规定并不能约束所有的用人单位。不在法规范围内的用人单位的劳动者如果期望休探亲假，可以与用人单位协商。劳动者要尊重用人单位的意见，用人单位有权不同意劳动者休探亲假。

应对策略

探亲假期是指劳动者因和亲属长期远居两地有探亲需求，而产生的劳动者请假与配偶、父母等亲属团聚的时间。

《国务院关于职工探亲待遇的规定》

第二条 凡在国家机关、人民团体和全民所有制企业、事业单位工作满一年的固定职工，与配偶不住在一起，又不能在公休假日团聚的，可以享受本规定探望配偶的待遇；与父亲、母亲都不住在一起，又不能在公休假日团聚的，可以享受本规定探望父母的待遇。但是，职工与父亲或与母亲一方能够在公休假日团聚的，不能享受本规定探望父母的待遇。

第三条 职工探亲假期：

（一）职工探望配偶的，每年给予一方探亲假一次，假期为三十天。

（二）未婚职工探望父母，原则上每年给假一次，假期为二十天。如果因为工作需要，本单位当年不能给予假期，或者职工自愿两年探亲一次的，可以两年给假一次，假期为四十五天。

（三）已婚职工探望父母的，每四年给假一次，假期为二十天。

探亲假期是指职工与配偶、父、母团聚的时间，另外，根据实际需要给予路程假。上述假期均包括公休假日和法定节日在内。

关于探亲假的 4 个常见问题

1. 探亲假包括休息日和法定休假日吗？

法定的探亲假包括休息日和法定休假日在内。

2. 享受探亲假的劳动者工资怎么发？

在规定的探亲假和路程假内，按照劳动者本人的工资标准发放工资。

3. 探亲假的路费可以由用人单位承担吗？

职工探望配偶和未婚职工探望父母的往返路费，由用人单位负担。已婚职工探望父母的往返路费，在本人月标准工资 30% 内的，由本人自理，超过部分由用人单位负担。

4. 学校的老师有寒暑假，还可以享受探亲假吗？

一般不可以，凡实行寒暑假休假制度的职工（例如学校的教职工），应该在休假期间探亲；如果休假期较短，可由本单位适当安排，补足其探亲假的天数。

4.4.9　哪些情况算旷工

 问题场景

1 如果我请假后用人单位不批准，我不去上班，会被算旷工吗？

2 劳动者请假后用人单位不批准，劳动者不上班的话一般是算旷工的，但用人单位不批准是否合理，这个旷工认定是否有效，可以之后再议。

3 也就是说也可能不算旷工是吧？

4 是的，要看你的请假理由和过程。对于法定的或理由正当的休假，用人单位没理由不批准，不算旷工；但若是需协商而未协商的，或无正当理由的，则可能算旷工。

5 旷工对劳动者会有什么影响呢？

6 旷工会影响用人单位对劳动者的评价，其他影响主要看用人单位的集体合同和规章制度规定。

· 问题拆解 ·

　　不同的用人单位，对旷工的定义可能有所不同，但判断依据大致相同，简单来说就是无正当理由的缺勤行为。当然，如果劳动者的缺勤是因为某种不可抗力，或因客观条件限制，劳动者无法履行请假程序，则不应算旷工。

应对策略

　　旷工通常指的是劳动者在没有不可抗力影响，没有正当理由的情况下，不按用人单位的规定执行请假手续，同时又不按用人单位的要求出勤的行为。

　　全国的法律法规对旷工没有明确规定，一般认为旷工是用人单位内部一种严重违纪行为。国务院原《企业职工奖惩条例》曾对旷工有过规定，但该条例已废止。当前对旷工的处理主要遵从用人单位合法合规签订或通过的集体合同或规章制度。

关于旷工的 4 个常见问题

1. 旷工可以扣工资吗？

对劳动者确认旷工的时间段，用人单位可以不发工资，但不能多扣。例如劳动者旷工 1 天，用人单位不能除了这 1 天不发工资，还多扣 2 天的工资。

2. 劳动者旷工，用人单位可以与其解除劳动合同吗？

用人单位合法合规签订或通过的集体合同或规章制度中如果有关于旷工 N 天属于严重违反规章制度行为的条款，且劳动者达到该标准，则用人单位可以根据《中华人民共和国劳动合同法》第三十九条第二款与劳动者解除劳动合同，且不需要支付赔偿金。

3. 用人单位可以规定旷工几天则依法与劳动者解除劳动合同？

劳动法律法规无相关规定，用人单位一般可规定连续旷工 X 天或一年内累计旷工 Y 天两种情况都算严重违反规章制度。只要用人单位的集体合同或规章制度是合法合规的，法律不干涉 X 和 Y 的具体数字。

但假如用人单位的集体合同或规章制度中关于旷工和违规的关系有过于严苛的规定或过于宽泛模糊的定义，可能会被认为是无效的。

4. 用人单位如何定义哪些情况属于旷工？

定义旷工通常有 3 个条件：一是无正当理由，二是未经用人单位同意，三是未提供劳动。例如，未请假擅自离开工作岗位，请假期满后无缘由不来上班，因鸡毛蒜皮的请假理由被拒而不出勤等。

4.5 劳动保护

4.5.1 用人单位不发劳动保护用品，用补贴代替可以吗

🔒 问题场景

1 我在以前的企业要接触一些有毒化学原料，但工作时企业却没有配发防毒面具。我就算用湿毛巾捂住口鼻，也还是每次都被呛到。

2 湿毛巾不能作为有毒作业环境的劳动保护用品，那家企业为什么不配发防毒面具呢？

3 那家企业的 HR 说每月发的 100 元补贴就是对在有毒工作环境中工作的补偿，作业过程中吸入有毒气体的问题我们要自己想办法解决。

4 这样做是涉嫌违法的，企业必须为你提供安全的作业环境。

5 那假如企业配发防毒面具了，是不是就可以取消每月的 100 元补贴呢？

6 不可以，劳动保护用品与特殊岗位的补贴或津贴不冲突。用人单位不能以提供劳动保护用品为借口降低劳动者的待遇。

◆ 问题拆解 ◆

　　用人单位必须为劳动者配发符合国家标准的劳动保护用品，要考虑到防治职业病的要求，并要对从事有职业危害作业的劳动者定期进行健康检查。本应发放给劳动者的劳动保护用品不得以货币形式、其他物品或不达标的劳动保护用品代替。

应对策略

《中华人民共和国劳动法》

第五十三条　劳动安全卫生设施必须符合国家规定的标准。

新建、改建、扩建工程的劳动安全卫生设施必须与主体工程同时设计、同时施工、同时投入生产和使用。

第五十四条　用人单位必须为劳动者提供符合国家规定的劳动安全卫生条件和必要的劳动防护用品，对从事有职业危害作业的劳动者应当定期进行健康检查。

《中华人民共和国安全生产法》

第四十五条　生产经营单位必须为从业人员提供符合国家标准或者行业标准的劳动防护用品，并监督、教育从业人员按照使用规则佩戴、使用。

《中华人民共和国职业病防治法》

第二十二条　用人单位必须采用有效的职业病防护设施，并为劳动者提供个人使用的职业病防护用品。

用人单位为劳动者个人提供的职业病防护用品必须符合防治职业病的要求；不符合要求的，不得使用。

《用人单位劳动防护用品管理规范》

第六条　用人单位应当安排专项经费用于配备劳动防护用品，不得以货币或者其他物品替代。该项经费计入生产成本，据实列支。

4.5.2 劳动者可以拒绝危险操作吗

 问题场景

1 之前一家企业偶尔会让我从事一些危险工作，虽然暂时没出问题但我还是觉得太危险了，以后遇到这种情况我该怎么办呢？

2 这些工作是需要持证上岗的吗？

3 倒是不需要持证上岗，但这些工作确实有危险，我之前从来没做过相关工作，也没接受过相关培训。

4 这种情况你可以直接拒绝，用人单位这样安排是涉嫌违法的。

5 有法律依据就好，之前我一直不好意思拒绝。

6 实际上你不仅可以拒绝，而且可以举报。如果你被迫从事危险工作且已对自身造成损害，还可以要求用人单位赔偿。

• 问题拆解 •

劳动法律法规保护劳动者的人身安全不受侵害。劳动者虽然需要受用人单位管理，但不代表劳动者必须无条件接受用人单位安排的一切工作。劳动者未经专业培训、没有劳动保护或不具相关技能时，有权拒绝危险作业场景。

应对策略

《中华人民共和国劳动法》

第五十六条　劳动者在劳动过程中必须严格遵守安全操作规程。

劳动者对用人单位管理人员违章指挥、强令冒险作业，有权拒绝执行；对危害生命安全和身体健康的行为，有权提出批评、检举和控告。

《中华人民共和国劳动合同法》

第八十八条　用人单位有下列情形之一的，依法给予行政处罚；构成犯罪的，依法追究刑事责任；给劳动者造成损害的，应当承担赔偿责任：

（一）以暴力、威胁或者非法限制人身自由的手段强迫劳动的；

（二）违章指挥或者强令冒险作业危及劳动者人身安全的；

（三）侮辱、体罚、殴打、非法搜查或者拘禁劳动者的；

（四）劳动条件恶劣、环境污染严重，给劳动者身心健康造成严重损害的。

劳动者未经专业培训、没有劳动保护或不具备
相关技能时可拒绝的 6 种作业场景

作业中可能存在易燃易
爆物质、电流或各类有
害物质，可能关联其他
安全隐患。

作业中可能出现因不熟悉
状况而坠落的风险，或存
在引发高血压、心脏病等
疾病的风险。

作业中可能存在
有毒物质等，危
害身体健康。

动火
作业

高空
作业

有毒
作业

封闭空
间作业

动土
作业

用电
作业

作业中可能存在电缆
或管线破坏、坍塌、
中毒、坠落等风险。

作业中可能存在漏电、
触电、火灾、爆炸等
风险。

作业中可能存在通道不畅、
通风不良、氧气不足，受到
机械伤害，应急措施不足或
措施不当等风险。

4.5.3　女职工不得从事哪些工作

 问题场景

1
之前有家企业给我安排的工作强度特别大，我每天晚上到家后都感到筋疲力尽，有时候第二天都恢复不了。

2
法律法规明确规定了女职工不得从事的工作范围（详见后文），如果用人单位让女职工从事这些工作，则涉嫌违法。

3
平常这种工作强度我还勉强能忍，但我经期反应较大，每次经期我身体特别不舒服想请假时，用人单位都不允许，我都要忍痛工作。

4
有些地区有经期假的规定，就算没有经期假，从照顾女职工的角度，用人单位也应当体谅，允许请假。

5
我刚才看了法律规定，那家企业给我安排的工作就是法律明确规定女职工不得从事的。我该怎么办呢？

6
你可以尝试与用人单位沟通更换岗位或减小劳动强度。如果用人单位不同意，证明其漠视法律，建议你离职或举报。

● 问题拆解 ●

　　劳动法律法规明确规定了女职工不得从事的工作类型，用人单位如果安排女职工从事这些工作则涉嫌违法。很多地区关于女职工劳动保护的规定中有经期假的规定。女性在经期如果感到身体不适无法正常工作，可参照当地相关规定请假。

应对策略

《中华人民共和国劳动法》

第五十八条 国家对女职工和未成年工实行特殊劳动保护。

未成年工是指年满十六周岁未满十八周岁的劳动者。

第五十九条 禁止安排女职工从事矿山井下、国家规定的第四级体力劳动强度的劳动和其他禁忌从事的劳动。

第六十条 不得安排女职工在经期从事高处、低温、冷水作业和国家规定的第三级体力劳动强度的劳动。

《女职工劳动保护特别规定》（附录）

一、女职工禁忌从事的劳动范围：

（一）矿山井下作业；

（二）体力劳动强度分级标准中规定的第四级体力劳动强度的作业；

（三）每小时负重6次以上、每次负重超过20公斤的作业，或者间断负重、每次负重超过25公斤的作业。

二、女职工在经期禁忌从事的劳动范围：

（一）冷水作业分级标准中规定的第二级、第三级、第四级冷水作业；

（二）低温作业分级标准中规定的第二级、第三级、第四级低温作业；

（三）体力劳动强度分级标准中规定的第三级、第四级体力劳动强度的作业；

（四）高处作业分级标准中规定的第三级、第四级高处作业。

4.5.4 "三期"女职工有哪些应得待遇

🔒 问题场景

1 我之前工作的岗位会接触到有毒化学物质，我怀孕后继续工作了一段时间后觉得非常不适。

2 处在"三期"的女职工身体状况较差，免疫机能下降，需要用人单位给予更多的关怀和特殊保护，劳动法律法规也对处在"三期"的女职工有更进一步的劳动保护规定。

3 "三期"是什么意思？

4 女职工的"三期"指孕期、产期和哺乳期。

5 劳动法律法规对"三期"女职工主要有哪些特殊保护呢？

6 这些特殊保护主要针对生产性有毒物质、振动性职业、过重的负重和低湿水冷作业等可能危害"三期"女职工身体健康的职业危害。

● 问题拆解 ●

　　我国劳动法律法规对女职工的保护分为两种，一种是一般保护，一种是特殊保护。一般保护是指女职工在劳动就业、劳动报酬、职业培训、劳动保险福利等方面享有和男职工平等的权利；特殊保护主要指的是在劳动作业保护方面，由于女职工的特殊需要而给予的特殊权益的法律保障，主要涉及女职工在生产中的安全和健康。

应对策略

女职工的"三期"指孕期、产期和哺乳期。

孕期一般指从怀孕（末次月经的第 1 天开始）到分娩之日。

产期一般指从分娩之日到产假期满。

哺乳期指产假期满到婴儿满 1 周岁之日。

需要注意的是，如果生产前 15 天开始休产假，一般认为这 15 天属于产期而不属于孕期。

处在"三期"的女职工，是享受特殊保护的。

《中华人民共和国劳动法》

第六十一条　不得安排女职工在怀孕期间从事国家规定的第三级体力劳动强度的劳动和孕期禁忌从事的劳动。对怀孕七个月以上的女职工，不得安排其延长工作时间和夜班劳动。

第六十三条　不得安排女职工在哺乳未满一周岁的婴儿期间从事国家规定的第三级体力劳动强度的劳动和哺乳期禁忌从事的其他劳动，不得安排其延长工作时间和夜班劳动。

《女职工劳动保护特别规定》

第五条　用人单位不得因女职工怀孕、生育、哺乳降低其工资、予以辞退、与其解除劳动或者聘用合同。

第六条　女职工在孕期不能适应原劳动的，用人单位应当根据医疗机构的证明，予以减轻劳动量或者安排其他能够适应的劳动。

对怀孕 7 个月以上的女职工，用人单位不得延长劳动时间或者安排夜班劳动，并应当在劳动时间内安排一定的休息时间。

怀孕女职工在劳动时间内进行产前检查，所需时间计入劳动时间。

关于"三期"女职工的特别规定

《中华人民共和国劳动合同法》规定，女职工在孕期、产期、哺乳期的，用人单位不得依照本法第四十条、第四十一条的规定解除劳动合同。

根据《中华人民共和国劳动合同法》的相关规定，女职工在孕期、产期、哺乳期劳动合同期满的，应续延至婴儿满一周岁（哺乳期结束）为止。

合同解除

工作范围

合同期满

岗位调整

《女职工劳动保护特别规定》中明确规定了女职工在孕期和哺乳期禁忌从事的劳动范围。

《中华人民共和国劳动合同法》和《女职工劳动保护特别规定》规定，除了为了避免女职工从事禁忌劳动外，用人单位对"三期"女职工调岗必须经女职工本人同意，且不得降低其工资待遇。

4.6 培训服务期

4.6.1 什么样的培训可以约定服务期

🔒 问题场景

1 我有离职打算，但用人单位 HR 说因我在职期间接受了用人单位提供的各类培训，如果我离职，必须赔偿用人单位的损失。

2 劳动者接受用人单位提供的培训后要离职，需要赔偿用人单位损失的说法是存在的，但也要看情况。你接受的是什么培训啊？

3 我印象中入职时有规章制度培训、企业文化培训、安全生产培训等，在职时有拓展游戏训练、职场通用技能培训、心态调整培训等。

4 你说的这些培训不属于你离职后要赔偿用人单位损失的范畴。用人单位因为这些培训和你签培训服务协议了吗？

5 培训服务协议是什么？我从来没签过。

6 如果没有培训服务协议对培训费用和服务期的相关约定作为依据，那用人单位主张的离职赔偿又从何而来呢？

◆ 问题拆解 ◆

　　当满足某种条件时，用人单位可以和劳动者约定培训服务期，如果劳动者在培训服务期满前离职，用人单位可以要求劳动者给予一定的经济赔偿。但用人单位提出这种主张的前提是以合法合规的方式和劳动者签订培训服务协议。

应对策略

《中华人民共和国劳动合同法》

第二十二条　用人单位为劳动者提供专项培训费用，对其进行专业技术培训的，可以与该劳动者订立协议，约定服务期。

劳动者违反服务期约定的，应当按照约定向用人单位支付违约金。违约金的数额不得超过用人单位提供的培训费用。用人单位要求劳动者支付的违约金不得超过服务期尚未履行部分所应分摊的培训费用。

用人单位与劳动者约定服务期的，不影响按照正常的工资调整机制提高劳动者在服务期期间的劳动报酬。

从法条内容能够看出，用人单位可以因为给劳动者提供了某种培训，而和劳动者约定服务期。但这种培训需要满足 3 个条件：

一是该培训是专业技术培训；

二是该培训的费用是用人单位为劳动者提供的专项培训费用；

三是用人单位和劳动者订立了培训服务协议。

———————•　用人单位和劳动者约定培训服务期的 3 个要件　•———————

用人单位可以和劳动者约定，培训服务期的培训应当是出于生产经营和岗位工作的实际需要而进行的，接受培训的人群应当是专属的、部分的或独特的，培训内容应当是专业的、针对提升专属技能的。例如航空公司专门为飞行员岗位提供的飞行专业技能培训。

小贴士：泛泛的岗前培训、普通的职业培训或内部的通用技能培训属于用人单位对劳动者承担的法律义务范畴，一般不得与劳动者约定服务期。

专业技术培训

专项培训费用

培训服务协议

用人单位可以和劳动者约定，培训服务期的培训费用应当是专项的，应当是用人单位为实现劳动者参与该培训而支出的直接的、必要的费用，可以包括报名费、讲师费、差旅费或住宿费等。注意，专项培训费用并不包括劳动者培训期间的工资，更不包括劳动者因参与培训，未在工作岗位上创造价值而让用人单位蒙受的损失。

就算用人单位为劳动者提供的某些培训符合约定培训服务期的条件，用人单位如果没有合法合规地与劳动者签订有效的培训服务协议，依然不能要求劳动者离职时做出相关赔偿。有效的培训服务协议中应当依法对劳动者花费的培训费用、服务期限和违约金等关键事项做出明确规定。

4.6.2 培训服务期应当约定为多长

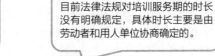 问题场景

1 我该和用人单位约定多久培训服务期呢？法律法规对培训服务期的具体时长是怎么规定的呢？

2 目前法律法规对培训服务期的时长没有明确规定，具体时长主要是由劳动者和用人单位协商确定的。

3 用人单位肯定期望培训服务期越长越好。如果用人单位因某次培训要跟我约定很长的培训服务期，我该怎么办呢？

4 如果用人单位把培训服务期设置得过长，劳动者可以提出不同意见，和用人单位沟通协商，确定一个合理的时长。

5 可我还在职，受用人单位雇佣，相对于用人单位是弱势的，我感觉自己没有谈判的筹码，没有话语权，怎么办呢？

6 首先，你要有沟通的勇气，我们是劳动者，但不代表可以被随便拿捏；其次，你要有沟通的策略，我们并非不签，而是要签得合情合理，毕竟，对双方都公平的培训服务期才能获得法律认可。

● 问题拆解 ●

　　劳动者和用人单位确定培训服务期时，既要合法合规，也要做到合情合理。这里的关键在于劳动者和用人单位间的协商，有时这也是种博弈。用人单位若以胁迫的方式要求劳动者签订显失公平的培训服务协议，协议可能会被判定为无效或可撤销／可变更。

应对策略

目前劳动相关法律法规中并没有对培训服务期的时长做出明确规定，实践中这个时长主要由劳动者和用人单位协商确定。劳动者在和用人单位协商培训服务期时，要讲究策略。

用人单位提出某个培训服务期时长时，要有理由；劳动者提出某个不同的培训服务期时长时，也应有充足的理由。劳动者可以参考的约定培训服务期的策略有 4 种，分别是匹配劳动合同、参考普遍情况、参照技术期限和设置比例关系。

约定培训服务期的 4 种参考策略

1 匹配劳动合同

可以将培训服务期与劳动者和用人单位签订的有固定期限的劳动合同匹配。有固定期限的劳动合同一般签 3~5 年，培训服务期可以约定为到劳动合同到期。例如张三和用人单位签订了 5 年的劳动合同，工作 3 年后，用人单位给张三提供了专业技术培训，此时双方可以约定培训服务期为 2 年。

2 参考普遍情况

可以根据同行业普遍的做法或国际惯例设定培训服务期。例如同行业多数用人单位针对某特殊岗位的专业技术培训约定了 3 年的培训服务期，劳动者和用人单位也可以据此约定 3 年的培训服务期。

3 参照技术期限

可以根据专业技术培训中相关技术更新、换代或被普遍认知的时间期限约定培训服务期。例如，某专有设备新上市，市场上有能力操作该设备的人才较少，用人单位为劳动者提供了相关操作培训。但该设备每过 2 年要做一次较大的系统升级，升级后原来技能对应的操作方法将不再适用，此时双方可以约定 2 年的培训服务期。

4 设置比例关系

可以按照劳动者工资和培训费用的某种比例关系来约定培训服务期。这当然并非法定，而是基于某种合情合理的比例约定。例如根据《工资支付暂行规定》第十六条中劳动者因本人原因给用人单位造成经济损失的，每月扣除不超过劳动者当月工资 20% 的部分，且扣除后剩余工资不得低于当地最低工资标准的规定，可以将 20% 作为劳动者工资和培训费用的比例关系，计算培训服务期。例如劳动者的工资是 10000 元 / 月，培训费用是 30000 元。10000 元 × 20%=2000 元。30000 元 ÷2000 元 / 月 =15 月。可以将培训服务期约定为 15 个月。能够看出，这个比例设置得越大，计算出的培训服务期越短，对劳动者越有利。

4.6.3　如何计算培训服务期的违约金

🔒 问题场景

1 用人单位的 HR 说这些年为培养我一共花费超过 60 万元，让我至少服务 15 年，不然每少服务 1 年，我就要赔偿 4 万元违约金。而且因为培训费用较高，我以后每年涨薪也要少涨一部分。

2 用人单位不能因为给你提供培训而影响你正常涨薪。另外，这 60 多万元是包括你接受过的所有培训的费用吗？

3 是的，不仅包括所有培训的费用，还包括我参加培训期间的工资。可所有培训我都是被用人单位安排参加的，又不是我自己想参加的。

4 第一，只有满足条件的培训的费用才能计入培训费用；第二，只有直接费用才能计入培训费用；第三，这些费用都要有发票证据。

5 如果我和用人单位签的劳动合同期满，但培训服务期未满，这时候我该怎么办呢？

6 一般应以培训服务期为准，这种情况下用人单位应和劳动者补签劳动合同。当然，如果双方愿意，也可以在一开始签的劳动合同中注明，如果劳动合同终止时间早于培训服务期，劳动合同自动延长至培训服务期限。

● 问题拆解 ●

　　用人单位给劳动者提供培训，或约定培训服务期，不影响劳动者按用人单位的薪酬调整机制正常涨薪。用人单位向劳动者主张培训服务期的违约金，要合法合规、合情合理，不能只是"一家之言"。培训服务期超过劳动合同期限的，一般应顺延劳动合同期限。

应对策略

《中华人民共和国劳动合同法》

第二十二条 用人单位为劳动者提供专项培训费用，对其进行专业技术培训的，可以与该劳动者订立协议，约定服务期。

劳动者违反服务期约定的，应当按照约定向用人单位支付违约金。违约金的数额不得超过用人单位提供的培训费用。用人单位要求劳动者支付的违约金不得超过服务期尚未履行部分所应分摊的培训费用。

用人单位与劳动者约定服务期的，不影响按照正常的工资调整机制提高劳动者在服务期期间的劳动报酬。

假设用人单位与劳动者签订的培训服务协议有效，培训服务期为 3 年（36 个月），培训费用为 36000 元。劳动者在 1 年零 8 个月（20 个月）时离职，则需要支付给用人单位的违约金为（36 个月 − 20 个月）×（36000 元 ÷ 36 月）=16000 元。

培训服务期违约金计算的 4 个关键

合法合规、合情合理的培训服务协议是培训服务期违约金计算的前提和依据。如果没有培训服务协议或培训服务协议无效，则不存在培训服务期违约金一说。

培训服务期违约金的计算需要先确认真实的培训费用。有的用人单位可能夸大培训费用，将不属于专业技术培训的培训费用算进去，或将非直接产生的培训费用算进去，这都是不可以的。

时间正确

协议有效

费用真实

证据充足

培训服务期的起始时间应当从培训结束后开始算，一般是从培训结束后的次月开始计算，而不是从用人单位和劳动者签订培训服务协议时开始算。

用人单位必须提供对劳动者进行专业技术培训而产生的直接费用的发票证据，如果用人单位无法提供相关费用的证据，劳动者有理由质疑费用的真实性。

4.6.4 劳动者参加由用人单位出资的培训后获得的证书属于谁

 🔒 问题场景

1 我有一次参加用人单位安排的技能培训，通过考试后得到一个资质证书，用人单位扣押了这个证书，这种情况下我能把证书要回来吗？

2 这个证书上写的证书获得人的名字是你还是用人单位？

3 证书上写的是我的名字。

4 那你有权利把证书要回来，用人单位无故扣押你获得的证书是涉嫌违法的。

5 可那个培训的费用全部是用人单位出的，而且我的培训服务期还没到，这种情况下我还可以要回那个证书吗？

6 可以要回来，证书获得人是你，归属权就是你的。这个跟培训费用是谁出的或培训服务期没关系。用人单位无权为自身利益扣押属于你的证书。

◆ 问题拆解

　　用人单位为劳动者出资使其接受技术培训，如果劳动者取得证书且证书上注明证书获得人为劳动者的，用人单位不得在劳动者在职或离职期间扣押该证书。如果用人单位扣押劳动者的证书拒不归还，劳动者可以向工会投诉、向劳动监察部门举报或向劳动争议仲裁委员会申请仲裁。

应对策略

　　劳动者因参加用人单位出资的培训取得证书，证书上注明的证书获得人为劳动者的，该证书从劳动者获得之日起，归属权就属于劳动者。无论用人单位和劳动者是否签订培训服务协议，是否约定培训服务期，都不影响该证书的归属权。用人单位不得以任何形式扣押属于劳动者的证书。

　　《中华人民共和国劳动合同法》

　　第九条　用人单位招用劳动者，不得扣押劳动者的居民身份证和其他证件，不得要求劳动者提供担保或者以其他名义向劳动者收取财物。

　　第八十四条　用人单位违反本法规定，扣押劳动者居民身份证等证件的，由劳动行政部门责令限期退还劳动者本人，并依照有关法律规定给予处罚。

　　用人单位违反本法规定，以担保或者其他名义向劳动者收取财物的，由劳动行政部门责令限期退还劳动者本人，并以每人五百元以上二千元以下的标准处以罚款；给劳动者造成损害的，应当承担赔偿责任。

　　劳动者依法解除或者终止劳动合同，用人单位扣押劳动者档案或者其他物品的，依照前款规定处罚。

　　《中华人民共和国民法典》

　　第二百三十三条　物权受到侵害的，权利人可以通过和解、调解、仲裁、诉讼等途径解决。

　　第二百三十八条　侵害物权，造成权利人损害的，权利人可以依法请求损害赔偿，也可以依法请求承担其他民事责任。

　　如果用人单位想使用该证书，可以与劳动者协商使用时间，但不得采取扣押的形式。假如劳动者发现用人单位将自己的证书遗失或损毁，应及时向证书申请部门申请补办，给自身造成损失的，可以依法主张赔偿。

对劳动者应对证书扣押问题的 4 点提示

劳动者要留有证书的电子存档，以备证书借出、损毁或遗失后参照对比或临时使用。如果申请证书时能自主选择纸质版或电子版证书，优先选择电子版证书。

自主保管

电子存档

劳动者取得证书后，应当自主保管。如果证书为邮寄方式取得，劳动者可以将邮寄地址填写为家庭地址。如果用人单位提出要代为保管证书，劳动者可以礼貌地表示拒绝。

假如用人单位想要借用该证书，劳动者要询问用人单位借用该证书的原因和时间，如果觉得证书可以借给用人单位使用，要留下用人单位借用和收到该证书的证据。

声明权属

留有证据

如果用人单位义正词严地希望得到该证书，并以培训由用人单位出资或培训服务期协议为由，那么劳动者可以根据相关法律法规向用人单位声明证书的归属权。

4.7　工作安排

4.7.1　劳动者不想从事岗位职责外的工作可以吗

🔒 问题场景

1
以前我工作的企业实行"全员营销"，我明明是生产岗位的，却也要被安排销售任务，完不成还要扣奖金。

2
这个销售任务用人单位跟你商量过吗？你同意接受了吗？

3
商量？怎么可能？销售任务是那家企业强制安排的，我同意也得接受，不同意也得接受。

4
你劳动合同上写的工作岗位是生产岗位吗？上面有没有写用人单位可以给你安排你岗位职责之外的工作任务？

5
我劳动合同上写的岗位是生产岗位，没有写用人单位可以给我安排岗位职责外的工作。

6
用人单位这么做是涉嫌违法的，你有权拒绝用人单位的销售任务要求，甚至可以向用人单位追偿，也可以向劳动监察部门举报。

◆ 问题拆解 ◆

　　当劳动合同中明确约定了劳动者的岗位和职责时，用人单位不得强迫劳动者从事岗位职责外的工作。实际上，就算用人单位安排劳动者从事岗位职责内的工作，也应当采取协商和合法合规的方式，而不是"强迫"。

应对策略

　　用人单位能否安排劳动者从事岗位职责外的工作，主要看劳动合同中是否有相关约定。如果劳动合同中没有约定用人单位可以安排劳动者从事岗位职责外的工作，则用人单位无权安排劳动者从事岗位职责外的工作，除非用人单位与劳动者协商一致。

　　《中华人民共和国劳动合同法》

　　第二十九条　用人单位与劳动者应当按照劳动合同的约定，全面履行各自的义务。

——●——　安排劳动者岗位职责外的工作不违法的 4 种常见情况　●——

用人单位与劳动者协商一致，明确获得劳动者的同意后，可以安排劳动者从事岗位职责外的工作。

值班时不从事岗位职责内的工作是正常情况，当然值班本身也需要用人单位和劳动者协商一致。

2. 协商

3. 值班

1. 约定

4. 紧急状况

用人单位的集体合同或劳动者与用人单位签订的劳动合同中有"用人单位可以安排劳动者从事其他工作"的约定。

发生自然灾害、事故、交通线路或公共设施发生故障等影响公众利益、威胁劳动者生命健康和财产安全的紧急状况，需要劳动者临时抢险救灾。

4.7.2　劳动者不想调整工作岗位可以吗

 问题场景

1 企业给我调整工作岗位，也应该和我协商吧？如果我不同意，企业不能给我调整工作岗位吧？

2 这个不一定，正常情况下用人单位给劳动者调岗确实是需要与劳动者协商的，但有些情况下可以不经过协商。

3 什么？用人单位可以不与劳动者协商单方调岗？

4 是的，例如你的劳动合同或用人单位合法合规的规章制度中已经明确了调岗规则，则用人单位就可以合法单方按规则调岗。

5 那假如用人单位虽然是合法合规地单方调岗，但我不想调岗，可以不接受吗？

6 如果有合法的理由，则可以不接受调岗。如果是合情合理的理由，用人单位一般应接受；如果用人单位不接受，劳动者可以尝试与其多沟通和协商。

● 问题拆解 ●

　　用人单位依法拥有自主管理劳动者的权利，但这不代表用人单位可以无条件随意调整劳动者的工作岗位。除协商一致外，在某些情况下（详见后文），用人单位确实可以单方给劳动者调整工作岗位。

应对策略

　　要调整劳动者的工作岗位，用人单位一般应与劳动者协商一致，并书面确认。但当满足某些条件时，用人单位可以单方给劳动者调整工作岗位。

　　《中华人民共和国劳动合同法》

　　第三十五条　用人单位与劳动者协商一致，可以变更劳动合同约定的内容。变更劳动合同，应当采用书面形式。

　　变更后的劳动合同文本由用人单位和劳动者各执一份。

　　第四十条　有下列情形之一的，用人单位提前三十日以书面形式通知劳动者本人或者额外支付劳动者一个月工资后，可以解除劳动合同：

　　（一）劳动者患病或者非因工负伤，在规定的医疗期满后不能从事原工作，也不能从事由用人单位另行安排的工作的；

　　（二）劳动者不能胜任工作，经过培训或者调整工作岗位，仍不能胜任工作的；

　　（三）劳动合同订立时所依据的客观情况发生重大变化，致使劳动合同无法履行，经用人单位与劳动者协商，未能就变更劳动合同内容达成协议的。

用人单位可单方给劳动者调整工作岗位的 4 种情况

用人单位有明确证据证明劳动者不能胜任工作时，可以为其调整工作岗位。

劳动者患病或非因工负伤，在规定医疗期满后不能从事原工作的，用人单位可以为其安排其他工作。

不胜任时

医疗期满

制度规定

合同约定

当合法合规的规章制度中规定了在满足某些条件时，用人单位可以在规定范围内给劳动者调整工作岗位。

如果劳动合同中有关于岗位调整的相关约定，例如在某段时间内轮岗，则用人单位可以按照约定调整工作岗位。

4.7.3　劳动者可以不接受出差或外派吗

 问题场景

1
以前有家企业经常让我出差，我不喜欢出差，可以不接受企业的出差安排吗？

2
合理的、短期的出差，劳动者一般应接受。如果劳动者就是不想接受也可以，但这可能会影响劳动者的发展。

3
那家企业经常让我一出差就在外地待半年多，时间太长了，我想家了只能和家人视频通话。

4
时间确实比较长，这已经算外派了，涉及违反劳动合同中工作地点约定的问题。你们的劳动合同或规章制度中是怎么定义工作地点的呢？

5
劳动合同中写的工作地点是我的居住地，规章制度中也没有这方面的规定。

6
那你拒绝这种出差（外派）是完全合法的。无论是出差还是外派，用人单位都需要和劳动者协商一致，不能强迫劳动者出差或外派。

──● 问题拆解 ●──

　　除非用人单位与劳动者协商一致、劳动合同中有明确约定或合法合规的规章制度中有明确规定，用人单位不得随意变更劳动者的工作地点，不能随意将劳动者外派到非居住地的地区工作。

应对策略

　　劳动法律法规中对出差没有明确定义。一般认为出差指的是到常驻工作地点外的地区临时履行公务。出差的时间有长有短，如果出差的时间较长，则一般会被认为是外派，涉及劳动合同中约定的工作地点变更的问题。

　　《中华人民共和国劳动合同法》

　　第八条　用人单位招用劳动者时，应当如实告知劳动者工作内容、工作条件、工作地点、职业危害、安全生产状况、劳动报酬，以及劳动者要求了解的其他情况；用人单位有权了解劳动者与劳动合同直接相关的基本情况，劳动者应当如实说明。

　　第十七条　劳动合同应当具备以下条款：

　　（四）工作内容和工作地点。

　　第八十八条　用人单位有下列情形之一的，依法给予行政处罚；构成犯罪的，依法追究刑事责任；给劳动者造成损害的，应当承担赔偿责任：

　　（一）以暴力、威胁或者非法限制人身自由的手段强迫劳动的。

　　无论是出差还是外派，劳动者都有权拒绝。为了不影响在用人单位的工作和发展，劳动者在拒绝出差或外派时要注意方式方法。

劳动者拒绝外派时的注意事项

提前沟通并表示拒绝，不要等到用人单位正式发通知后再拒绝。

委婉

拒绝时语气应当尽量委婉，态度应当尽量温和，尽量不要掺杂对用人单位相关人员的不满情绪。

提前

理由

要向用人单位诚恳地表达歉意。另外，能够被外派代表用人单位对自己十分信任，所以还要表达感谢。

致歉

要说明不接受外派的理由，这里的理由应合情合理，法律法规方面的理由可以在最后用。

4.8　工伤

4.8.1　劳动者在上下班过程中发生交通事故算工伤吗

🔒 问题场景

1　听说上下班途中发生交通事故应算工伤，我有个同事在下班途中发生了交通事故，按理说应算工伤，可用人单位却没给他算工伤，这算不算违法呢？

2　上下班途中发生交通事故并非一定算工伤，要判定为工伤，是要满足一定条件的。

3　要满足什么条件呢？

4　例如，劳动者不能对交通事故负有全部责任或主要责任。除此之外还有其他条件，详见后文。

5　如果交通事故伤害被认定为工伤，劳动者在交通事故第三人处获得民事赔偿后，还可以再享受工伤保险待遇吗？

6　根据最高人民法院的解释，劳动者从第三人处获得民事赔偿后，可以按照《工伤保险条例》的规定，向工伤保险机构申请工伤保险待遇补偿。

问题拆解

　　交通事故中的责任通常可以分为全部责任、主要责任、同等责任、次要责任和无责任等。判定责任的依据是交警依法开具的《道路交通事故认定书》。假如劳动者在上下班途中发生的交通事故中被判定为负全部责任或主要责任，则所受伤害不能算工伤。

应对策略

《工伤保险条例》

第十四条 职工有下列情形之一的,应当认定为工伤:

(六)在上下班途中,受到非本人主要责任的交通事故或者城市轨道交通、客运轮渡、火车事故伤害的。

《最高人民法院关于审理工伤保险行政案件若干问题的规定》

第六条 对社会保险行政部门认定下列情形为"上下班途中"的,人民法院应予支持:

(一)在合理时间内往返于工作地与住所地、经常居住地、单位宿舍的合理路线的上下班途中;

(二)在合理时间内往返于工作地与配偶、父母、子女居住地的合理路线的上下班途中;

(三)从事属于日常工作生活所需要的活动,且在合理时间和合理路线的上下班途中;

(四)在合理时间内其他合理路线的上下班途中。

上下班途中发生交通事故判定为工伤的 4 个要素

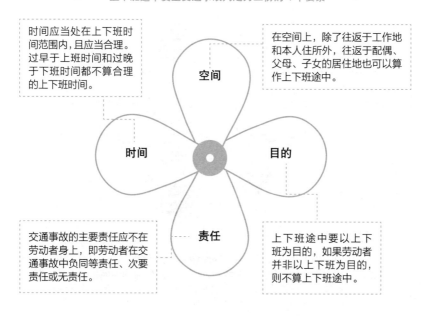

时间应当处在上下班时间范围内,且应当合理。过早于上班时间和过晚于下班时间都不算合理的上下班时间。

在空间上,除了往返于工作地和本人住所外,往返于配偶、父母、子女的居住地也可以算作上下班途中。

空间

时间 目的

责任

交通事故的主要责任应不在劳动者身上,即劳动者在交通事故中负同等责任、次要责任或无责任。

上下班途中要以上下班为目的,如果劳动者并非以上下班为目的,则不算上下班途中。

4.8.2 劳动者在单位组织的旅游中受伤算工伤吗

🔒 问题场景

1 参加用人单位组织的旅游活动意外受伤，会被认定为工伤吗？

2 这种情况应视为在工作时间和工作场所因工作原因受到事故伤害的合理延伸，若受伤情形符合工伤认定标准，应认定为工伤。

3 那如果在外出学习或开会的休息时间受伤，属于工伤吗？

4 根据最高人民法院的解释，劳动者受单位指派外出学习期间，在学习单位安排的休息场所休息时受到伤害，应当认定为工伤。

5 那假如是值班过程中回家吃饭，途中突发疾病死亡的，会被认定为工伤吗？

6 这种情况也是在工作时间和工作场所因工作原因受到事故伤害的合理延伸，应被认定为工伤。

● 问题拆解 ●

　　在工作时间和工作场所内，因工作原因受到事故伤害应认定为工伤。这里的工作时间、工作场所和工作原因可以视情况做合理的延伸；因工外出期间，由于工作原因受到伤害或发生事故下落不明的，应认定为工伤。这里的因工外出同样可以视情况做合理的延伸。

应对策略

《工伤保险条例》

第十四条　职工有下列情形之一的，应当认定为工伤：

（一）在工作时间和工作场所内，因工作原因受到事故伤害的；

（二）工作时间前后在工作场所内，从事与工作有关的预备性或者收尾性工作受到事故伤害的；

（三）在工作时间和工作场所内，因履行工作职责受到暴力等意外伤害的；

（四）患职业病的；

（五）因工外出期间，由于工作原因受到伤害或者发生事故下落不明的；

（六）在上下班途中，受到非本人主要责任的交通事故或者城市轨道交通、客运轮渡、火车事故伤害的；

（七）法律、行政法规规定应当认定为工伤的其他情形。

第十五条　职工有下列情形之一的，视同工伤：

（一）在工作时间和工作岗位，突发疾病死亡或者在 48 小时之内经抢救无效死亡的；

（二）在抢险救灾等维护国家利益、公共利益活动中受到伤害的；

（三）职工原在军队服役，因战、因公负伤致残，已取得革命伤残军人证，到用人单位后旧伤复发的。

职工有前款第（一）项、第（二）项情形的，按照本条例的有关规定享受工伤保险待遇；职工有前款第（三）项情形的，按照本条例的有关规定享受除一次性伤残补助金以外的工伤保险待遇。

第十六条　职工符合本条例第十四条、第十五条的规定，但是有下列情形之一的，不得认定为工伤或者视同工伤：

（一）故意犯罪的；

（二）醉酒或者吸毒的；

（三）自残或者自杀的。

关于工伤认定的问题也可参照《关于实施〈工伤保险条例〉若干问题的意见》。

●───── 会被判定为"因公外出期间"的 3 种情况 ─────●

小贴士：如果劳动者在因公外出、开会学习或参加活动期间因从事非工作相关的个人活动受到伤害，则可能不会被认定为工伤。

因公外出　劳动者受用人单位指派或因工作需要在工作场所以外从事与工作职责有关的活动。

劳动者参加用人单位举办的各类活动。

劳动者受用人单位指派外出学习或外出开会。

开会学习

参加活动

4.8.3　发生工伤后劳动者该怎么办

🔒 问题场景

1 我以前从来没发生过工伤，希望自己平时小心，以后也不发生工伤。

2 谁都不希望发生工伤，但有时就算努力防范，也难免发生意外，不如提前了解发生工伤后该怎么办。

3 你别说，如果真发生工伤了，我可能会手足无措。

4 如果真发生工伤了千万不要慌张，慌张解决不了问题，要第一时间保证自己的医疗救治。

5 我记得以前有家企业说发生工伤后要通知上级管理者，后续还要配合完成一些流程。

6 如果用人单位有规范的工伤处理流程，建议劳动者学习并记住该流程，以备不时之需。

● 问题拆解 ●

　　当自己或身边同事发生工伤时，劳动者要保持冷静，先实施医疗救护，保障自己或同事的人身安全，然后采集工伤证据，联系用人单位负责工伤工作的人员，再开展后续的工伤申报、认定、鉴定等相关工作。

应对策略

《工伤保险条例》

第十七条　职工发生事故伤害或者按照职业病防治法规定被诊断、鉴定为职业病，所在单位应当自事故伤害发生之日或者被诊断、鉴定为职业病之日起 30 日内，向统筹地区社会保险行政部门提出工伤认定申请。遇有特殊情况，经报社会保险行政部门同意，申请时限可以适当延长。

用人单位未按前款规定提出工伤认定申请的，工伤职工或者其近亲属、工会组织在事故伤害发生之日或者被诊断、鉴定为职业病之日起 1 年内，可以直接向用人单位所在地统筹地区社会保险行政部门提出工伤认定申请。

按照本条第一款规定应当由省级社会保险行政部门进行工伤认定的事项，根据属地原则由用人单位所在地的设区的市级社会保险行政部门办理。

用人单位未在本条第一款规定的时限内提交工伤认定申请，在此期间发生符合本条例规定的工伤待遇等有关费用由该用人单位负担。

发生工伤后的 4 个处理步骤

发生工伤后，首先不要慌张，应根据伤情第一时间考虑实施救治方案。过程中自己也要想办法保留好工伤事实相关照片或录像证据，并通知用人单位相关工作人员。

督促用人单位相关工作人员及时申请工伤认定。如果用人单位拒绝申请工伤认定，劳动者或其亲属可以在 1 年内自行申请。

就医　认定

鉴定　赔付

经治疗伤情相对稳定后存在残疾、影响劳动能力的，应当进行劳动能力鉴定。在劳动能力鉴定结论做出之日起 1 年后，如果伤残情况发生变化，可以进行劳动能力复查鉴定。

依照工伤认定情况和劳动能力鉴定结论，享受工伤保险相关待遇。根据伤残程度不同，获得的金额有所不同，详见《工伤保险条例》。

4.8.4　发生工伤后，劳动者怎么做劳动能力鉴定

🔒 问题场景

1
我听说有些发生工伤的人会有伤残等级评定，那个是什么意思呢？是怎么来的？

2
是的，那个是劳动能力鉴定结论，不同的伤残等级可享受不同的待遇。

3
什么情况下可以做劳动能力鉴定呢？

4
发生工伤，经治疗伤情相对稳定后存在残疾、影响劳动能力的，应当进行劳动能力鉴定。

5
不同的伤残等级分别可以享受什么待遇呢？

6
不同劳动能力鉴定结论对应待遇可参考《工伤保险条例》。

— 问题拆解 —

　　劳动能力鉴定委员会收到劳动能力鉴定申请后，应从其建立的医疗卫生专家库中随机抽取 3 名或 5 名相关专家组成专家组，由专家组提出鉴定意见。设区的市级劳动能力鉴定委员会根据专家组的鉴定意见做出工伤职工劳动能力鉴定结论；必要时，可委托具备资格的医疗机构协助进行有关诊断。

应对策略

《工伤保险条例》
　　第二十一条　职工发生工伤，经治疗伤情相对稳定后存在残疾、影响劳动能力的，应当进行劳动能力鉴定。
　　第二十二条　劳动能力鉴定是指劳动功能障碍程度和生活自理障碍程度的等级鉴定。
　　劳动功能障碍分为十个伤残等级，最重的为一级，最轻的为十级。
　　生活自理障碍分为三个等级：生活完全不能自理、生活大部分不能自理和生活部分不能自理。
　　第二十八条　自劳动能力鉴定结论作出之日起 1 年后，工伤职工或者其近亲属、所在单位或者经办机构认为伤残情况发生变化的，可以申请劳动能力复查鉴定。

劳动能力鉴定的通用步骤

用人单位工作人员、劳动者或劳动者近亲属向当地劳动能力鉴定经办部门提出申请，按要求提交申请书。

根据劳动能力鉴定经办部门的要求准备相关资料，通常包括身份证的原件和复印件、工伤认定书原件和复印件、相关诊疗资料、伤情照片等。

1 提出申请　准备资料 **2**

3 实施鉴定　得到结论 **4**

携带劳动能力鉴定经办部门开具的劳动能力鉴定通知书和要求的相关资料，在规定时间内，到指定的鉴定服务点办理手续，实施鉴定。

完成劳动能力鉴定后，凭鉴定回执和有效证件，按照劳动能力鉴定经办部门的要求，在规定时间到指定地点领取结果。

4.8.5 劳动者患上职业病怎么办

 问题场景

1 我如何判断自己从事的岗位有没有让我患职业病的可能呢？

2 可以看其是否具备职业病危害因素。《职业病危害因素分类目录》由国务院卫生行政部门制定、调整并公布。

3 看起来我从事的岗位可能有职业病危害，那我是不是应该定期接受体检呢？

4 对从事接触职业病危害作业的劳动者，用人单位应按国务院卫生行政部门规定组织上岗前、在岗期间和离岗时的职业健康检查，并将检查结果书面告知劳动者。费用由用人单位承担。

5 如果诊断出患有职业病，可以享受什么待遇呢？

6 职业病的诊疗、康复费用，伤残以及丧失劳动能力的职业病患者的社会保障，按国家有关工伤社会保险的规定执行。

● 问题拆解 ●

　　用人单位应保障职业病患者依法享受国家规定的职业病待遇：用人单位应对从事接触职业病危害作业的劳动者给予适当岗位津贴；用人单位应按国家规定安排职业病患者进行治疗、康复和定期检查；对不适宜继续从事原工作的职业病患者，用人单位应将其调离原岗位，并妥善安置。

应对策略

　　职业病，指的是用人单位的劳动者在职业活动中，因接触粉尘、放射性物质和其他有毒、有害因素而引起的疾病。职业病的分类和目录由国务院卫生行政部门会同国务院劳动保障行政部门制定、调整并公布。职业病防治应采取预防为主、防治结合的方针，用人单位要做好劳动者的职业病防治工作。

　　《中华人民共和国职业病防治法》

　　第四十六条　职业病诊断，应当综合分析下列因素：

　　（一）病人的职业史；

　　（二）职业病危害接触史和工作场所职业病危害因素情况；

　　（三）临床表现以及辅助检查结果等。

　　没有证据否定职业病危害因素与病人临床表现之间的必然联系的，应当诊断为职业病。

　　职业病诊断证明书应当由参与诊断的取得职业病诊断资格的执业医师签署，并经承担职业病诊断的医疗卫生机构审核盖章。

────●────　判定职业病的 4 个要素　────●────

职业病必须是因接触粉尘、放射性物质和其他有毒、有害因素而引起的疾病。

职业病必须在国务院卫生行政部门会同国务院劳动保障行政部门制定的分类和目录中。

诱因　　范围

诊断　　过程

职业病必须由符合国家规定和要求的医疗卫生机构实施诊断和鉴定。

职业病必须是劳动者在从事该职业的过程中产生的。

4.9 违纪

4.9.1 劳动者上班迟到，用人单位有权罚款吗

🔒 问题场景

1 我们企业规定每迟到一次要罚款100元。

2 用人单位把罚款作为劳动者违规违纪的处理方式是涉嫌违法的。

3 为什么？似乎很多企业都这么做。

4 因为罚款对应的是处罚权，和体罚一样，用人单位是没有这类处罚权的。

5 不直接罚款，用人单位是不是也可以从劳动者的工资里扣呢？

6 用人单位没有处罚权，不代表没有经济管理权，与劳动者岗位绩效挂钩的奖金用人单位是可以左右的。

● 问题拆解 ●

　　除了罚款，用人单位还不得对劳动者实施辱骂、殴打、体罚、限制人身自由等侵犯人权的行为。如果劳动者的违纪事实清楚、证据确凿，用人单位可以通过告知警告、教育培训、通报批评、减少奖金和解除合同的方式处理。

应对策略

　　《中华人民共和国宪法》规定了公民合法的私有财产不受侵犯。罚款在一定意义上损害和剥夺了公民的财产权。根据《中华人民共和国立法法》和《中华人民共和国行政处罚法》的规定，对财产的处罚只能由法律、法规或规章设定。除非法律、法规或规章中有明确规定，否则作为以营利为目的的经济组织，用人单位无权在规章制度中设定罚款的条款。

　　《中华人民共和国劳动法》

　　第二十五条　劳动者有下列情形之一的，用人单位可以解除劳动合同：

　　（二）严重违反劳动纪律或者用人单位规章制度的。

　　《中华人民共和国劳动合同法》

　　第三十九条　劳动者有下列情形之一的，用人单位可以解除劳动合同：

　　（二）严重违反用人单位的规章制度的。

◀━━━━◀　劳动者违纪时用人单位可以采取的 5 种处理方式　●━━━━━●

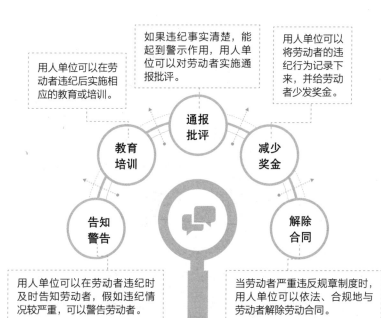

用人单位可以在劳动者违纪后实施相应的教育或培训。

如果违纪事实清楚，能起到警示作用，用人单位可以对劳动者实施通报批评。

用人单位可以将劳动者的违纪行为记录下来，并给劳动者少发奖金。

通报批评

教育培训

减少奖金

告知警告

解除合同

用人单位可以在劳动者违纪时及时告知劳动者，假如违纪情况较严重，可以警告劳动者。

当劳动者严重违反规章制度时，用人单位可以依法、合规地与劳动者解除劳动合同。

4.9.2   有什么依据才能认定劳动者违纪

 问题场景

1 以前有个管理者说我严重违纪，想和我解除劳动关系，但我其实只是有一次工作没听他的安排，因为他的安排不合理。

2 你们的规章制度中有说下属不执行上级不合理的安排算违纪吗？

3 规章制度中只说下级应听从上级合理的安排，但我没有不听从上级合理的安排，我是认为那个安排不合理才不听从的。

4 那确实不应算违纪，更别说严重违纪了。另外，上级说你违纪，有确凿证据吗？有你签字的书面材料吗？

5 没有，上级只是口头说我违纪。

6 在没有确凿证据的情况下，用人单位不能仅凭主观判断来确认劳动者违纪，不能随意做出处罚决定。

● 问题拆解 ●

　　当被用人单位指认违纪时，劳动者首先可以要求用人单位提供相关证据，其次要与用人单位相关工作人员沟通，表明是否违纪不能只听"一家之言"，要争取让对方听取自己对事实的完整申辩。自己如果没有违纪的事实，则不要在用人单位确认违纪的单据上签字。

应对策略

　　当劳动者存在违反规章制度的事实，且用人单位掌握确凿证据时，用人单位与劳动者沟通后形成书面内容并且由劳动者签字后，才可以确定劳动者违反规章制度。

　　如果劳动者严重违反用人单位的规章制度，且用人单位要因此与劳动者解除劳动关系，应事先通知工会。在用人单位单方解除劳动合同这一举措上，工会有否决权，如果工会认为用人单位在因劳动者违反规章制度与其解除劳动关系方面存在不合理或不合法之处，有权否定用人单位的决定，用人单位不得单方强制执行。

　　《中华人民共和国劳动法》

　　第四条　用人单位应当依法建立和完善规章制度，保障劳动者享有劳动权利和履行劳动义务。

　　《中华人民共和国劳动争议调解仲裁法》

　　第六条　发生劳动争议，当事人对自己提出的主张，有责任提供证据。与争议事项有关的证据属于用人单位掌握管理的，用人单位应当提供；用人单位不提供的，应当承担不利后果。

用人单位指认劳动者违纪的 4 个要件

用人单位的规章制度首先要合法合规，且经由合法程序通过。如果用人单位的规章制度内容或通过程序不合法不合规，则不存在劳动者违纪一说。

合法合规

确凿证据

用人单位要有劳动者违法违规的确凿证据，这里的证据可能包括各类影音资料或劳动者签字确认的书面文件。

假如劳动者做出用人单位不希望看到或口头强调不应当做的行为，但该行为并没有在规章制度中出现或明确规定，则用人单位无法判定劳动者违反规章制度。

归属范围

严重程度

假如用人单位的规章制度中对违纪严重程度没有明确的定义或定义不清，则用人单位不能随意确定劳动者违纪行为的严重程度。

4.9.3 劳动者给用人单位造成损失该如何赔偿

🔒 问题场景

1 最近我错把一种原料加到产品中，结果那批次产品全部报废，造成了 10 万元损失。企业要求我全部赔偿，可我觉得那并不全是我的问题。

2 你为什么要把那种原料加到产品中呢？

3 因为装那种原料的桶上没有标志，外表看起来很像应该加到产品中的那种原料。

4 那确实不能全怪你，不能让你赔偿全部损失。

5 可现在企业一口咬定是我的问题，要每月扣我一半工资，直至 10 万元损失全部补齐。

6 你可以维权，主张自己不用承担主要赔偿责任。就算你有责任，每月扣除的工资比例也不得超过 20%。

— 问题拆解 —

　　并非任何情况下劳动者给用人单位造成损失都要承担赔偿责任。如果损失并非劳动者故意或重大过失造成，或劳动者并不存在违法、违规或违约的情况，则劳动者无须承担与自身岗位工作相关的用人单位的损失。

应对策略

　　劳动者给用人单位造成损失的常见情况包括如下 5 类。

　　（1）违反法律或行政法规，不遵守用人单位规章制度、违规操作等给用人单位造成损失。

　　（2）违法与用人单位解除劳动关系，给用人单位造成损失。

　　（3）违反劳动合同的附件（保密协议或竞业限制协议），给用人单位造成损失。

　　（4）当前劳动合同没有解除，又与别的用人单位订立劳动关系，给用人单位造成损失。

　　（5）以欺诈、胁迫或乘人之危等手段，在违背用人单位真实意思表示的情况下订立各类合同或开展各类业务，给用人单位造成损失。

　　《工资支付暂行规定》

　　第十六条　因劳动者本人原因给用人单位造成经济损失的，用人单位可按照劳动合同的约定要求其赔偿经济损失。经济损失的赔偿，可从劳动者本人的工资中扣除。但每月扣除的部分不得超过劳动者当月工资的 20%。若扣除后的剩余工资部分低于当地月最低工资标准，则按最低工资标准支付。

　　劳动者与用人单位的劳动合同终止或解除时，一般应一次性付清所有赔偿金。

判断劳动者给用人单位造成损失的 3 要件

1. 过错
劳动者存在明确的过错，存在违法、违规或违约的行为。

2. 事实
用人单位存在损失的事实。

3. 因果
劳动者违法、违规或违约行为与用人单位的损失存在因果关系。

第 5 章

辞职与裁员

在劳动者辞职或用人单位实施裁员时，常见问题主要包括用人单位如何支付补偿金或赔偿金、支付违约金的标准、劳动者如何合法合规辞职、用人单位解聘劳动者的类型和劳动者的应对策略、退休的操作方法和提高退休金的策略等。

5.1　金钱给付

5.1.1　N、N+1、2N 分别是什么意思

🔒 问题场景

1 经常听到有人说 N、N+1、2N，这些分别是什么意思呢？

2 这是劳动争议中对经济补偿金和赔偿金算法的简称，N 指的是工作年限，对应着 N 个月的工资。经济补偿金和赔偿金都是以月工资为基数的。

3 那 N+1 中的 1 是什么意思呢？

4 这个 1 指 1 个月的工资，可理解为"代通知金"。正常情况下用人单位应提前 30 天以书面形式通知劳动者本人解除劳动合同，也可以直接支付 1 个月工资。

5 那 2N 是什么意思呢？

6 2N 是指用人单位违法解除劳动合同后，要按经济补偿金标准的 2 倍支付赔偿金。

• 问题拆解 •

　　在劳动争议案件中，N 和 N+1 是计算经济补偿金的常用表述方式，2N 是计算赔偿金的常用表述方式。N+1 中的 1 并非一定存在，如果用人单位履行了提前 30 天以书面形式通知劳动者本人解除劳动合同的义务，则不需要额外支付 1 个月的工资。

应对策略

与 N 相关的法条
《中华人民共和国劳动合同法》
第四十七条　经济补偿按劳动者在本单位工作的年限，每满一年支付一个月工资的标准向劳动者支付。六个月以上不满一年的，按一年计算；不满六个月的，向劳动者支付半个月工资的经济补偿。
劳动者月工资高于用人单位所在直辖市、设区的市级人民政府公布的本地区上年度职工月平均工资三倍的，向其支付经济补偿的标准按职工月平均工资三倍的数额支付，向其支付经济补偿的年限最高不超过十二年。
本条所称月工资是指劳动者在劳动合同解除或者终止前十二个月的平均工资。

与 N+1 相关的法条
《中华人民共和国劳动合同法》
第四十条　有下列情形之一的，用人单位提前三十日以书面形式通知劳动者本人或者额外支付劳动者一个月工资后，可以解除劳动合同：
（一）劳动者患病或者非因工负伤，在规定的医疗期满后不能从事原工作，也不能从事由用人单位另行安排的工作的；
（二）劳动者不能胜任工作，经过培训或者调整工作岗位，仍不能胜任工作的；
（三）劳动合同订立时所依据的客观情况发生重大变化，致使劳动合同无法履行，经用人单位与劳动者协商，未能就变更劳动合同内容达成协议的。

与 2N 相关的法条
《中华人民共和国劳动合同法》
第四十八条　用人单位违反本法规定解除或者终止劳动合同，劳动者要求继续履行劳动合同的，用人单位应当继续履行；劳动者不要求继续履行劳动合同或者劳动合同已经不能继续履行的，用人单位应当依照本法第八十七条规定支付赔偿金。
第八十七条　用人单位违反本法规定解除或者终止劳动合同的，应当依照本法第四十七条规定的经济补偿标准的二倍向劳动者支付赔偿金。

小贴士

我们偶尔会见到 N+2 或 N+3 的经济补偿金支付方式，这是指用人单位基于某些原因用更高的标准支付经济补偿金。用人单位可以视情况在 N、N+1、2N 对应法条规定的基础上提高经济补偿金或赔偿金的标准，但低于该标准则涉嫌违法。例如，不能应支付 2N 的赔偿金，却用金额较小的 N+ 某数字的经济补偿金代替。

5.1.2 经济补偿金、违约金、赔偿金有什么不同

🔒 问题场景

1 劳动法律法规中，用人单位违反《中华人民共和国劳动法》，或违背劳动合同的约定后，有的要支付经济补偿金，有的要支付经济违约金，还有的要支付赔偿金。

2 是的，这是劳动法律法规规定的不同场景对应的金钱给付责任。

3 那我分别在什么情况下可以向用人单位申请经济补偿金、违约金或赔偿金呢？

4 主要看3点，一是看法律法规的规定，二是看用人单位和劳动者双方的约定，三是看造成损失的严重程度。

5 那我同一时间只能向用人单位申请"一种金"吗？

6 不是的，当满足多个条件时，劳动者可以向用人单位同时主张多种金钱给付责任。相关法律法规[1]中都有相关规定。

• 问题拆解 •

　　劳动争议中可能存在的"三金"，分别是经济补偿金、违约金和赔偿金。这"三金"分别代表不同的概念，适用于不同的场景。例如根据《劳动合同法》的规定，用人单位未依法为劳动者缴纳社会保险费的，劳动者可以与用人单位解除劳动合同，此时，用人单位要向劳动者支付经济补偿金。

1　包括《中华人民共和国劳动合同法》和《最高人民法院关于审理劳动争议案件适用法律问题的解释（一）》。——编者注

应对策略

1. 经济补偿金

经济补偿金，指的是在劳动合同解除或终止后，用人单位依法一次性给劳动者一定数额的金钱作为经济上的补助，是一种"经济补偿"。例如，《中华人民共和国劳动法》规定用人单位依据本法第二十四条、第二十六条、第二十七条的规定解除劳动合同的，应当依照国家有关规定给予经济补偿。《违反和解除劳动合同的经济补偿办法》中也有相关规定。

2. 违约金

违约金是指用人单位和劳动者在劳动合同或各类约定中确定的，当某一方违约时，应当向另一方支付一定金钱的违约责任。《中华人民共和国劳动合同法》规定用人单位只能就培训服务期、保密义务和竞业限制协议约定劳动者应当承担的违约金，但并不限制劳动者和用人单位就其他事项约定用人单位应当承担的违约金。

3. 赔偿金

赔偿金是指一方当事人因不履行或不完全履行合同义务而给对方当事人造成损失时，按照法律和合同的规定所应承担的损害赔偿责任。例如，《中华人民共和国劳动合同法》规定用人单位违反本法规定解除或者终止劳动合同的，应当依照本法第四十七条规定的经济补偿标准的二倍向劳动者支付赔偿金。

有关经济补偿金、违约金、赔偿金的 3 点注意事项

给付条件
三者的给付条件是不同的。经济补偿金的给付条件是劳动法律法规规定的条件出现，违约金的给付条件是出现违约，赔偿金的给付条件是造成损失。

三者的给付标准是不同的。违约金虽有一定的法律范围限制，但主要是由劳动者和用人单位协商确定的。而关于经济补偿金和赔偿金的给付标准，法律法规有明确的规定。
给付标准

同时主张
三者并非互斥关系，假如用人单位违反劳动合同给劳动者造成损失，且违法解除或终止劳动的，劳动者可以就违约金和赔偿金同时向用人单位主张维权。

5.2 辞职

5.2.1 劳动者交上去的辞职书可以撤回吗

🔒 问题场景

1 我朋友向企业提交了辞职书，但现在后悔了，可以反悔吗？

2 以书面形式正式递交辞职书后，劳动者的反悔是无效的。用人单位可以依法与劳动者解除劳动关系，并且不需要支付经济补偿金或赔偿金。

3 啊？为什么？

4 因为权利与义务对等，约束是双向的。劳动者有根据自主意愿辞职的权利，用人单位也有根据劳动者意愿自主选择劳动者的权利。

5 也就是说，我朋友反悔没有用，如果他以书面形式递交了辞职书，主动权就在用人单位那里了是吧？

6 是的，你朋友可以表达反悔的意思，但用人单位有权接受，同意你朋友继续工作；也有权不接受，为你朋友办理离职手续。

• 问题拆解 •

　　劳动者有时候可能因在用人单位相关人员的误导下提出辞职而反悔，有时候可能因自己没想清楚提出辞职而反悔，有时候可能因环境或条件发生变化而反悔。一旦劳动者以书面形式正式提出辞职，除非能确切证明存在重大误解或具备法定可撤销的情形，否则该辞职的意思表示是具有法律效力的。所以提交辞职书务必要谨慎。

应对策略

《中华人民共和国劳动合同法》

第五十条　用人单位应当在解除或者终止劳动合同时出具解除或者终止劳动合同的证明，并在十五日内为劳动者办理档案和社会保险关系转移手续。

劳动者应当按照双方约定，办理工作交接。用人单位依照本法有关规定应当向劳动者支付经济补偿的，在办结工作交接时支付。

用人单位对已经解除或者终止的劳动合同的文本，至少保存二年备查。

辞职的 4 个步骤

有辞职的想法后，先仔细思考辞职的利弊，想清楚自己是否一定要辞职。建议想好接下来的归属后再辞职。

确认辞职想法后，可以先向上级或人事部门口头表达意愿。此时不要拒绝与用人单位相关人员沟通。

考虑清楚 1

口头试探 2

递交辞呈 4

尝试留下 3

如果确定已经想清楚，在经过沟通和尝试后，还是不想在用人单位继续工作，再正式递交书面的辞职书。

经过劳动者与用人单位沟通，用人单位可能愿意做出一定调整和改变，此时也许辞职原因已经消除了一部分，劳动者可以尝试留下继续工作。

5.2.2　劳动者得到用人单位批准才能辞职吗

🔒 问题场景

1
以前有家企业规定得到上级批准才可以辞职，上级不批准就不可以离开。

2
这是涉嫌违法的，辞职是每个劳动者的权利，根本就不需要用人单位批准。

3
用人单位的规章制度中是这么规定的，我不按照用人单位的规定来，真的没问题吗？

4
《中华人民共和国劳动合同法》中对劳动者辞职有明确的规定，规章制度不能大过法律法规。

5
我的工资掌握在企业手里，那家企业的规章制度中说如果没有获得上级的批准就辞职，要扣工资。

6
这也是涉嫌违法的，用人单位无权因为劳动者辞职扣发劳动者的工资。如果用人单位这么做了，劳动者可以依法维权，向其追偿。

● 问题拆解 ●

　　如果用人单位没有和劳动者签订劳动合同，劳动者随时可以提出辞职；如果用人单位和劳动者签订了劳动合同，劳动者在试用期内，只需要提前3天通知用人单位就可以辞职；如果用人单位和劳动者签订了劳动合同，过了试用期，劳动者提前30天通知用人单位就可以辞职。

应对策略

辞职是劳动者向用人单位提出解除劳动合同和劳动关系的行为。劳动者想辞职时，可以向用人单位提交书面辞职书。无论用人单位是否允许，到法定时间后，劳动者就可以合法与用人单位解除劳动关系。

为防止用人单位以未收到辞职书为由主张劳动者违法解除劳动合同，或用人单位不批准辞职书，劳动者在提交辞职书时应留下相关证据，证据的关键是证明劳动者提交辞职书的时间。

《中华人民共和国劳动合同法》

第三十七条　劳动者提前三十日以书面形式通知用人单位，可以解除劳动合同。劳动者在试用期内提前三日通知用人单位，可以解除劳动合同。

第三十八条　用人单位有下列情形之一的，劳动者可以解除劳动合同：

（一）未按照劳动合同约定提供劳动保护或者劳动条件的；

（二）未及时足额支付劳动报酬的；

（三）未依法为劳动者缴纳社会保险费的；

（四）用人单位的规章制度违反法律、法规的规定，损害劳动者权益的；

（五）因本法第二十六条第一款规定的情形致使劳动合同无效的；

（六）法律、行政法规规定劳动者可以解除劳动合同的其他情形。

用人单位以暴力、威胁或者非法限制人身自由的手段强迫劳动者劳动的，或者用人单位违章指挥、强令冒险作业危及劳动者人身安全的，劳动者可以立即解除劳动合同，不需事先告知用人单位。

可证明辞职书递交时间的 4 类常见证据

递交辞职书的录像可以完整记录辞职书送达的时间和递交辞职书的全过程。

1 影音录像

递交辞职书时可以找证人，无利害关系的证人可以证明递交辞职书的时间。

2 证人证言

电子信息 3

通过传真、电子邮件、通信软件等形式送达辞职书能够记录送达时间。

签收回执 4

递交辞职书时可请上级或人事部门经办人当面签收，也可发挂号信或快递并要求签收回执，以表明用人单位已收到辞职书。签收日期为送达日期。

5.2.3 辞职后，劳动者还能不能得到上年度的年终奖

🔒 问题场景

1 最近有家企业想请我过去工作，我也挺中意那家企业的，但我很纠结要不要辞职。

2 这是好事呀！既然觉得中意，那还纠结什么呢？

3 去年的年终奖还没有发，我主要是怕辞职以后，得不到去年的年终奖。

4 关于年终奖，你现在用人单位的集体合同、劳动合同和规章制度中有什么规定呢？

5 似乎也没什么特别规定，年终奖发不发主要是看企业吧？

6 不是的。如果没有合法合规的特别约定或规定，用人单位给同类岗位其他劳动者发放年终奖，辞职的劳动者也应当按照同样标准获得年终奖。

● 问题拆解 ●

　　劳动者辞职后能不能得到上年度的年终奖要看劳动合同、集体合同和年终奖发放制度对年终奖的定义。如果年终奖是在劳动合同中约定的，或相当于每月工资留存的一部分，则劳动者辞职后应当得到上年度的年终奖。如果没有约定或规定，则辞职的劳动者应当获得与在岗同岗位劳动者相同标准的年终奖。

应对策略

　　年终奖是用人单位根据合同约定或制度规定，综合考虑自身效益和劳动者业绩表现而发放的奖金。劳动法律法规并没有直接规定用人单位必须支付劳动者年终奖，年终奖的支付一般可以参照用人单位与劳动者签订的劳动合同、集体合同约定或规章制度规定。

　　《中华人民共和国劳动合同法》

　　第二十六条　下列劳动合同无效或者部分无效：

　　（二）用人单位免除自己的法定责任、排除劳动者权利的。

　　对劳动合同的无效或者部分无效有争议的，由劳动争议仲裁机构或者人民法院确认。

　　《关于工资总额组成的规定》

　　第四条　工资总额由下列六个部分组成：

　　（一）计时工资；

　　（二）计件工资；

　　（三）奖金；

　　（四）津贴和补贴；

　　（五）加班加点工资；

　　（六）特殊情况下支付的工资。

离职后年终奖发放的 3 种情况

1. 不论同类岗位是否发放上年度年终奖，离职者都应得

劳动者与用人单位签订的劳动合同中明确约定年终奖是劳动者某年度工资总额的组成部分，或约定年终奖是劳动者月工资的一部分。

2. 同类岗位发放上年度年终奖，则离职者应得；同类岗位不发，则不得

用人单位的集体合同中对年终奖的发放条件有明确约定，或年终奖相关的规章制度中有年终奖发放的相关规定。离职劳动者符合该约定或规定的条件，则在年终奖的发放问题上享受与同类岗位其他劳动者相同的待遇。

3. 不论同类岗位是否发放上年度年终奖，离职者都不得

用人单位的集体合同或年终奖的发放制度中对年终奖的发放条件有明确约定，且相关约定合法合规，用人单位能证明离职者未达到获得年终奖的条件。

小贴士

用人单位规章制度如果只是简单规定劳动者离职就不能得到上一年度的年终奖，有违同工同酬原则，是一种待遇歧视，得不到法律的支持。

5.3 解聘

5.3.1 末位淘汰辞退员工合法吗

 问题场景

1 我所在的企业为了激励员工，采取末位淘汰制，业绩排在最后的人将被辞退，不过好在可以获得经济补偿金。

2 劳动者只是因为业绩排在末位就被用人单位辞退，这属于违法解除劳动关系，劳动者应当获得赔偿金，而非经济补偿金。

3 为什么？用人单位说业绩排在末位说明不胜任工作，这样的辞退是符合经济补偿金相关规则的辞退。

4 业绩排在最后，并不能代表不胜任工作。

5 那是不是用人单位只要采取末位淘汰制就是违法的呢？

6 也不能这么说。用人单位可以在合法合规的规章制度框架下用末位淘汰制赏优罚劣，客观、合理、公正地评价劳动者，对绩效表现确实差的劳动者实施培训和调岗。

—— 问题拆解 ——

　　不论如何排名，总会有人排在最后，所以不能将排在末位与不胜任工作画等号。用人单位说劳动者不胜任工作，要有确凿的证据。而且就算用人单位能够确切证明劳动者不胜任工作，法律也没有赋予用人单位立即与其解除劳动关系的权利。

应对策略

以劳动者不胜任工作为由将其辞退属于无过失性辞退。当符合无过失性辞退劳动者的条件时，用人单位应当向劳动者支付经济补偿金（N、$N+1$）。但用人单位如果只是以末位淘汰为由与劳动者解除劳动关系，则属于违法解除劳动关系，应当向劳动者支付赔偿金（$2N$）。

《中华人民共和国劳动合同法》

第四十条　有下列情形之一的，用人单位提前三十日以书面形式通知劳动者本人或者额外支付劳动者一个月工资后，可以解除劳动合同：

（二）劳动者不能胜任工作，经过培训或者调整工作岗位，仍不能胜任工作的。

第四十八条　用人单位违反本法规定解除或者终止劳动合同，劳动者要求继续履行劳动合同的，用人单位应当继续履行；劳动者不要求继续履行劳动合同或者劳动合同已经不能继续履行的，用人单位应当依照本法第八十七条规定支付赔偿金。

第八十七条　用人单位违反本法规定解除或者终止劳动合同的，应当依照本法第四十七条规定的经济补偿标准的二倍向劳动者支付赔偿金。

当用人单位以绩效不佳为由辞退劳动者，
劳动者应注意的 3 个关键点

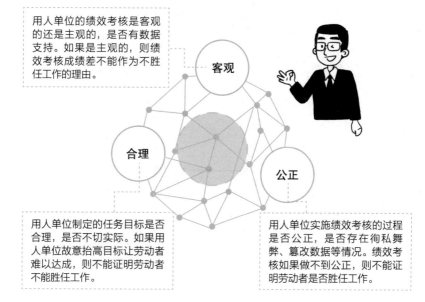

用人单位的绩效考核是客观的还是主观的，是否有数据支持。如果是主观的，则绩效考核成绩差不能作为不胜任工作的理由。

客观

合理

公正

用人单位制定的任务目标是否合理，是否不切实际。如果用人单位故意抬高目标让劳动者难以达成，则不能证明劳动者不能胜任工作。

用人单位实施绩效考核的过程是否公正，是否存在徇私舞弊、篡改数据等情况。绩效考核如果做不到公正，则不能证明劳动者是否胜任工作。

5.3.2 如果用人单位和劳动者协商一致解除劳动合同，劳动者还能拿到经济补偿金吗

问题场景

1 我以前工作的一家企业想跟我协商解除劳动合同，我后来想了想也觉得工作没意思，就辞职了，离开后才想起来，我是不是应该获得经济补偿金啊？

2 用人单位主动提出和劳动者协商一致解除劳动合同时，劳动者确实应该获得经济补偿金。

3 那我现在还有办法争取经济补偿金吗？

4 从你辞职开始算没超过 1 年的话，你可以向那家企业主张权益，如果对方拒不承认或拒不履行义务，你可以申请劳动仲裁。

5 我想起来了，我当时被那家企业欺骗，主动写了辞职书，写的是因个人原因提出辞职，这种情况还有可能维权成功吗？

6 这种情况很难维权成功，除非你有确凿的证据证明自己当时是受到了用人单位的欺骗。

— 问题拆解 —

当用人单位提出期望和劳动者协商一致解除劳动合同时，只要不是法定因劳动者过失用人单位可以与劳动者解除劳动合同并且不需要支付经济补偿金的情况，用人单位都应当向劳动者支付经济补偿金，不过双方可以协商经济补偿金的标准。

应对策略

《中华人民共和国劳动合同法》

第三十六条 用人单位与劳动者协商一致，可以解除劳动合同。

第四十六条 有下列情形之一的，用人单位应当向劳动者支付经济补偿：

（一）劳动者依照本法第三十八条规定解除劳动合同的；

（二）用人单位依照本法第三十六条规定向劳动者提出解除劳动合同并与劳动者协商一致解除劳动合同的。

协商一致解除劳动合同常见的 4 个问题

1. 协商一致解除劳动合同的经济补偿金可以低于法定标准吗？

协商后的经济补偿金可以高于法定标准，也可以低于法定标准。在双方同意的情况下，法律尊重和保护当事人的财产处分权。建议劳动者要求用人单位按等于或高于法定标准的经济补偿金来协商一致解除劳动合同。

2. 如果劳动者主动提出协商一致解除劳动合同，可以获得经济补偿金吗？

如果是劳动者首先提出协商一致解除劳动合同，可以理解为劳动者主动离职，用人单位不需要支付经济补偿金。只有用人单位首先提出协商一致解除劳动合同，才需要支付经济补偿金。

3. 协商一致解除劳动合同后，劳动者可以领取失业金吗？

除地方政策规定的某些情况外，一般情况下是可以领取的。

4. 协商一致解除劳动合同的经济补偿金标准如果低于法定标准，劳动者事后可以反悔或撤销吗？

可以，就算用人单位和劳动者因各种原因协商一致形成低于法定的经济补偿金标准，事后劳动者也可以以协议存在重大误解或显失公平为由请求仲裁或撤销。

5.3.3 劳动合同到期后不续签，劳动者还能拿到经济补偿吗

🔒 问题场景

1
假如我的劳动合同到期，用人单位不想和我续签劳动合同，是不是就自然和我解除劳动关系了呢？

2
实际上不是的，劳动者的劳动合同到期后，如果用人单位不续签，是要根据劳动者的工作年限给劳动者经济补偿的。

3
那是不是只要劳动合同到期了我就能拿到经济补偿呢？

4
当然不是，要看劳动合同到期后用人单位与你续签劳动合同的意愿和你个人续签劳动合同的意愿。

5
如果我不同意续签劳动合同，是不是就拿不到经济补偿呢？

6
不一定，要看条件。如果你不同意续签劳动合同的前提是用人单位降低劳动合同约定条件或用人单位不同意续签，那么你可以得到经济补偿。

— 问题拆解 —

　　劳动者固定期限的劳动合同到期后，假如用人单位维持或提高劳动者原来的劳动条件，且期望和劳动者续签劳动合同，但劳动者不愿意和用人单位续签，相当于劳动者自愿提出离职，用人单位不需要向劳动者支付经济补偿。

应对策略

《中华人民共和国劳动合同法》

第四十四条　有下列情形之一的，劳动合同终止：

（一）劳动合同期满的。

第四十六条　有下列情形之一的，用人单位应当向劳动者支付经济补偿：

（五）除用人单位维持或者提高劳动合同约定条件续订劳动合同，劳动者不同意续订的情形外，依照本法第四十四条第一项规定终止固定期限劳动合同的。

劳动合同到期后，
用人单位与劳动者关于劳动合同续签与否
和有无经济补偿的关系

劳动者 　　　　续签意向 用人单位 续签意向	劳动者同意 续签劳动合同	劳动者不同意 续签劳动合同
用人单位 维持或提高劳动合同 约定条件且同意续签	✖ 无经济补偿	✖ 无经济补偿
用人单位 降低劳动合同 约定条件且同意续签	✖ 无经济补偿	💵 有经济补偿
用人单位 不同意续签	💵 有经济补偿	💵 有经济补偿

5.3.4 遇到经济性裁员，劳动者该如何自救

问题场景

1
我所在的企业前一阵说要裁员，裁员是违法的吧？

2
不是的，法律法规允许用人单位在满足条件的情况下实施经济性裁员，但对裁员的程序和结果都有严格的要求。

3
如果被裁员，能够得到什么补偿呢？

4
如果是合法裁员，劳动者可以依法得到经济补偿金（N、$N+1$）；如果是违法裁员，劳动者可以得到赔偿金（$2N$）。

5
如果我被裁员，一时半会儿找不到工作，可该怎么办呢？

6
如果你失业前已经缴纳失业保险费满一年，可以去当地的人社部门进行失业登记，申领失业金。

• 问题拆解 •

　　经济性裁员是用人单位一次性辞退部分劳动者，以改善生产经营状况的一种手段，其目的是保护自己在市场经济中的竞争和生存能力，渡过暂时的难关。《中华人民共和国劳动法》规定用人单位濒临破产进行法定整顿期间或生产经营状况发生严重困难，确需裁减人员的，应提前 30 日向工会或全体职工说明情况，听取工会或职工的意见，经向劳动行政部门报告后，可以裁减人员。

应对策略

《中华人民共和国劳动合同法》

第四十一条 有下列情形之一，需要裁减人员二十人以上或者裁减不足二十人但占企业职工总数百分之十以上的，用人单位提前三十日向工会或者全体职工说明情况，听取工会或者职工的意见后，裁减人员方案经向劳动行政部门报告，可以裁减人员：

（一）依照企业破产法规定进行重整的；

（二）生产经营发生严重困难的；

（三）企业转产、重大技术革新或者经营方式调整，经变更劳动合同后，仍需裁减人员的；

（四）其他因劳动合同订立时所依据的客观经济情况发生重大变化，致使劳动合同无法履行的。

裁减人员时，应当优先留用下列人员：

（一）与本单位订立较长期限的固定期限劳动合同的；

（二）与本单位订立无固定期限劳动合同的；

（三）家庭无其他就业人员，有需要扶养的老人或者未成年人的。

用人单位依照本条第一款规定裁减人员，在六个月内重新招用人员的，应当通知被裁减的人员，并在同等条件下优先招用被裁减的人员。

———————— 用人单位常见的 4 种违法经济性裁员 ————————

用人单位强行裁掉法律法规明确规定不适用于经济性裁员的人员。例如，强行对"三期"女职工实施经济性裁员。

用人单位通过劝劳动者提出离职，将经济性裁员包装成劳动者主动自愿离职，从而不支付经济补偿金。

强行　劝退

欺骗　花招

用人单位通过欺骗劳动者，让劳动者做出违反规章制度的行为，从而与劳动者解除劳动关系且无须支付经济补偿金。例如，口头通知劳动者裁员前无须打卡、无须请假就可以不上班，结果算作旷工。

用人单位通过刁难、设局、套路等让劳动者无法达到用人单位要求，以此证明劳动者严重失职，从而达到以劳动者有过失为由辞退劳动者，且无须支付经济补偿金的目的。

5.4 退休

5.4.1 想在退休后多拿一些基本养老金，该怎么办

 问题场景

1 假如我退休，基本养老金应该怎么算呢？

2 各地区的算法不一样，具体可以参照当地人社部门的官方网站，通用算法后文会详细介绍。

3 退休后的基本养老金都和哪些因素相关呢？

4 基本养老金和个人累计缴费年限、缴费工资、当地职工平均工资、个人账户金额、城镇人口平均预期寿命等因素相关。

5 如果我希望自己退休后的基本养老金多一些，该做什么呢？

6 你可以增大自己的缴费基数或延长自己的缴费年限。

• 问题拆解 •

　　国家倡导基本养老金多缴多得、长缴多得，所以劳动者要提高基本养老金，可以增加缴费基数和延长缴费年限。基本养老金的计算和退休年龄有关，延迟退休同样也能增加基本养老金的缴费年限，因此劳动者也可以通过延迟退休来提高基本养老金。

应对策略

　　退休后基本养老金的具体计算方法要遵循各地区的最新政策。很多地区人社部门的官方网站会公布具体的计算方法，也可能会提供输入个人信息后直接查询基本养老金数额的功能。

　　退休后基本养老金计算的通用公式如下。

　　基本养老金＝基础养老金＋个人账户养老金。

　　基础养老金＝（全省上年度在岗职工月平均工资＋本人指数化月平均缴费工资）÷2×缴费年限×1%。

　　本人指数化月平均缴费工资＝全省上年度在岗职工月平均工资 × 本人平均缴费指数。

　　本人平均缴费指数是个人实际的缴费基数与社会平均工资之比的历年平均值。按照当前的政策，这个数值的最低值为0.6（60%），最高值为3（300%）。

　　个人账户养老金＝个人账户储存额 ÷ 计发月数。

　　计发月数是根据退休年龄和人口的平均寿命算出来的，大致的计算方式是（人口平均寿命－退休年龄）×12（指1年12个月），具体可参见《国务院关于完善企业职工基本养老保险制度的决定》中的附件"个人账户养老金计发月数表"。

　　举个例子，假设张三65岁退休，计发月数为101。张三缴费年限为35年，目前养老金账户中有40万元，假设其所在省份当前月平均工资为6000元。张三每月缴费指数按2（200%）计算。

　　张三每月的个人账户养老金＝400000÷101 ≈ 3960.4 元。

　　张三每月的基础养老金＝（6000+6000×2）÷2×35×1%=3150 元。

　　张三每月应发的基本养老金＝3960.4+3150=7110.4 元。

　　《人力资源社会保障部 财政部关于2020年调整退休人员基本养老金的通知》

　　三、调整办法。继续采取定额调整、挂钩调整与适当倾斜相结合的办法，并实现企业和机关事业单位退休人员调整办法基本统一。定额调整要体现公平原则；挂钩调整要体现"多缴多得"、"长缴多得"的激励机制，可与退休人员本人缴费年限（或工作年限）、基本养老金水平等因素挂钩；对高龄退休人员、艰苦边远地区退休人员，可适当提高调整水平。继续确保企业退休军转干部基本养老金不低于当地企业退休人员平均水平。要进一步强化激励，适当加大挂钩调整所占比重。

提高退休后可领基本养老金的3个关键指标

缴费基数
缴费基数越大
基本养老金越高

缴费年限
缴费年限越长
基本养老金越高

退休年龄
退休年龄越大
基本养老金越高

5.4.2　什么情况下可以退休

🔒 问题场景

1　到法定退休年龄后就可以办理退休、领取基本养老金了吗？

2　到法定退休年龄只是领取基本养老金的前提，除此之外还要按照法律规定足额缴纳基本养老保险费 15 年以上。

3　到法定退休年龄后，假如缴纳基本养老保险费的年限不足 15 年应该怎么办呢？

4　2011 年 7 月 1 日《中华人民共和国社会保险法》施行前参加基本养老保险的，可一次性补足 15 年。

5　那 2011 年 7 月 1 日《中华人民共和国社会保险法》施行之后参加基本养老保险的人呢？

6　可以延期缴费至 15 年，或转入新型农村社会养老保险或者城镇居民社会养老保险。对满足条件的，也可以将个人账户储存额一次性支付给本人。

● 问题拆解 ●

　　退休通常要满足 3 个条件，一是劳动者正常参加基本养老保险并达到国家或省级行政区规定的退休年龄，二是用人单位和劳动者按照相关规定足额缴纳基本养老保险费，三是基本养老保险费的缴费年限达到 15 年以上。

应对策略

《国务院关于工人退休退职的暂行办法》

第一条　全民所有制企业、事业单位和党政机关、群众团体的工作，符合下列条件之一的应该退休。

（一）男年满六十周岁，女年满五十周岁，连续工龄满十年的。

（二）从事井下、高空、高温、特别繁重体力劳动或者其他有害身体健康的工作，男年满五十五周岁、女年满四十五周岁，连续工龄满十年的。

本项规定也适用于工作条件与工人相同的基层干部。

（三）男年满五十周岁，女年满四十五周岁，连续工龄满十年，由医院证明，并经劳动鉴定委员会确认，完全丧失劳动能力的。

（四）因工致残，由医院证明，并经劳动鉴定委员长会确认，完全丧失劳动能力的。

《关于制止和纠正违反国家规定办理企业职工提前退休有关问题的通知》

国家法定的企业职工退休年龄是：男年满 60 周岁，女工人年满 50 周岁，女干部年满 55 周岁。

对职工出生时间的认定，实行居民身份证与职工档案相结合的办法。当本人身份证与档案记载的出生时间不一致时，以本人档案最先记载的出生时间为准。要加强对居民身份证和职工档案的管理，严禁随意更改职工出生时间和编造档案。

退休的 3 种常见情况

男年满 60 周岁，女工人年满 50 周岁，女干部年满 55 周岁。

小贴士：针对人口老龄化加速发展的趋势，我国将实行"渐进式"延迟退休政策，实际退休年龄以最新政策为准。

正常退休

特殊工种提前退休

因病提前退休

从事井下、高空、高温、低温、特别繁重体力劳动或其他有害身体健康的工作，男年满 55 周岁，女年满 45 周岁，从事特殊工种时间达到规定年限的，可以办理特殊工种提前退休。

男年满 50 周岁，女年满 45 周岁，因病或非因工致残，经劳动鉴定委员会确认完全丧失劳动能力的（1～4 级），可以办理因病提前退休。

5.4.3　退休返聘要注意什么

问题场景

1 退休后没什么事情可做，不工作感觉心里空落落的，觉得自己不太想退休。

2 法律没有规定退休后不能工作啊，如果你愿意，可以继续工作。

3 那我继续工作的话和用人单位之间还是劳动关系吗？

4 不是的，法律规定劳动者到了法定退休年龄或办理退休手续后，如果继续工作，和用人单位间属于劳务关系。这种情况一般属于退休返聘。

5 那假如退休返聘后再被辞退或解雇，能不能得到劳动法相关规定中的经济补偿金或赔偿金呢？

6 除非退休返聘协议中有约定，否则辞退或解雇退休人员，不存在法定的经济补偿金或赔偿金。

· 问题拆解 ·

　　退休返聘一般指的是劳动者达到法定退休年龄或办理退休手续并开始享受基本养老保险待遇后继续工作。此时劳动者和用人单位之间的关系不再是劳动关系，而是劳务关系。

应对策略

《中华人民共和国劳动合同法实施条例》
第二十一条　劳动者达到法定退休年龄的，劳动合同终止。
《最高人民法院关于审理劳动争议案件适用法律问题的解释（一）》
第三十二条　用人单位与其招用的已经依法享受养老保险待遇或者领取退休金的人员发生用工争议而提起诉讼的，人民法院应当按劳务关系处理。

关于退休返聘的 3 点注意事项

退休返聘人员与用人单位之间是劳务关系，应签订劳务合同，适用劳务关系的相关规定。如果退休返聘人员与用人单位之间发生争议，适用民事诉讼相关法律法规，如《中华人民共和国民法典》。

劳务关系

工作受伤

个人所得税

有的地区规定退休返聘人员在工作中受伤视为工伤，无这类规定的地区一般认为退休返聘人员受伤属于人身损害赔偿的范畴。用人单位一般应为退休返聘人员购买一份商业保险。

根据《国家税务总局关于个人兼职和退休人员再任职取得收入如何计算征收个人所得税问题的批复》，退休人员再任职取得的收入，在减除按个人所得税法规定的费用扣除标准后，按"工资、薪金所得"应税项目缴纳个人所得税。

小贴士

根据《国家税务总局关于离退休人员再任职界定问题的批复》，《国家税务总局关于个人兼职和退休人员再任职取得收入如何计算征收个人所得税问题的批复》（国税函〔2005〕382号）所称的"退休人员再任职"，应同时符合下列条件：
一、受雇人员与用人单位签订一以上（含一年）劳动合同（协议），存在长期或连续的雇用与被雇用关系；
二、受雇人员因事假、病假、休假等原因不能正常出勤时，仍享受固定或基本工资收入；
三、受雇人员与单位其他正式职工享受同等福利、社保、培训及其他待遇；
四、受雇人员的职务晋升、职称评定等工作由用人单位负责组织。

第 **6** 章

劳动争议

　　工作中与用人单位产生分歧时，劳动者应优先采取沟通和协商的方式解决，尽量避免将矛盾激化为劳动争议。当劳动争议在所难免时，劳动者可以以先调解、再考虑劳动仲裁或诉讼的原则应对。本章主要介绍调解、劳动仲裁和诉讼的具体实施方法，以及在实施过程中的常见问题和应对措施。

6.1 调解

6.1.1 什么情况下调解协议无效

 问题场景

1 根据劳动争议"一裁两审"的原则，发生劳动争议后我首先应该进行劳动仲裁是吧？

2 不是的，发生劳动争议时，应优先通过协商和调解的方式解决，当协商不成、调解无效时，再进行劳动仲裁。

3 经过协商和调解后的处理结果有法律效力吗？

4 按照合法合规程序形成的内容有效的调解协议是具备法律效力的。

5 可为什么我听说有些情况下就算形成了调解协议，调解协议也是无效的呢？

6 那可能是调解协议的内容违法或损害了国家、集体、第三人或社会公共利益。

● 问题拆解 ●

　　在用人单位与劳动者出现劳动争议，劳动者分析清楚利弊后，应先和用人单位进行协商和调解，并形成调解书或调解协议。调解书或调解协议是双方当事人经过协商，自愿处分其实体权利和诉讼权利的一种文书形式。

应对策略

　　所谓协商，是指劳动争议发生后，当事人就争议事项进行商量，协调双方的关系，消除矛盾，解决争议。劳动争议可以也应当优先通过协商解决，但协商并不是解决劳动争议的必经程序，只是国家对当事人自行协商解决劳动争议这种方式予以法律上的认可。

　　不愿协商或协商不成的，当事人有权申请调解。调解后如果能达成一致意见，可以形成调解书或调解协议。调解不成的，再走仲裁程序。

　　《企业劳动争议协商调解规定》

　　第九条　劳动者可以要求所在企业工会参与或者协助其与企业进行协商。工会也可以主动参与劳动争议的协商处理，维护劳动者合法权益。

　　劳动者可以委托其他组织或者个人作为其代表进行协商。

　　《最高人民法院关于审理涉及人民调解协议的民事案件的若干规定》

　　第四条　具备下列条件的，调解协议有效：

　　（一）当事人具有完全民事行为能力；

　　（二）意思表示真实；

　　（三）不违反法律、行政法规的强制性规定或者社会公共利益。

調解协议无效的 4 种情况

损害国家、集体或
第三人利益

以合法形式掩盖
非法目的

损害社会公共利益

违反法律、行政法规
的强制性规定

6.1.2 调解书形成后，劳动者还能反悔吗

 问题场景

1 假如我经过协商调解，和用人单位达成一致意见并形成了调解书，但后来发现自己利益受损，怎么办呢？

2 如果调解书还没有生效，你可以反悔。

3 调解书形成后我还可以反悔吗？

4 假如调解书已经生效，就具备法律效力，你不能反悔；假如调解书没有生效，则不具备法律效力，你可以反悔。

5 那么怎么分辨调解书是否生效呢？

6 劳动争议仲裁委员会和人民法院开具的调解书是以送达签收来确认生效日期的。如果未签收，则代表拒绝该调解书的内容，也代表反悔。

● 问题拆解 ●

　　调解书是否生效，直接关系到调解的成败。根据我国法律相关规定，调解书应直接送达当事人，当事人在调解书送达回执单上签收的行为是调解书发生法律效力的必备条件。当事人不在送达回执单上签收，则视为拒绝，此时的调解书不具备法律效力。

应对策略

> 调解书正式生效前，双方都是可以反悔的。但调解书正式生效后，则具备法律效力，双方都不得反悔。

对调解书反悔后可以做什么

如果对原调解书反悔，可以重新调解，变更原调解书或形成新的调解书。

1 重新调解

3 申请诉讼

2 申请仲裁

对仲裁的裁决结果有异议的，可以向人民法院提起诉讼。

如果不准备通过调解后形成的调解书解决问题，可以申请仲裁，形成裁决书。

6.2　劳动仲裁

6.2.1　劳动仲裁的申请流程是什么

🔒 问题场景

1 到了申请劳动仲裁这步，我首先要做什么呢？是不是直接去仲裁机构办理就可以？

2 我建议先搜集证据，再写仲裁申诉书。

3 可有些证据我并不掌握怎么办呢？

4 不用担心，与争议事项有关的证据属于用人单位掌握管理的，用人单位应当提供；用人单位不提供的，应当承担不利后果。

5 那我应该找哪个仲裁机构申请仲裁呢？

6 可以优先向劳动合同履行地的劳动争议仲裁委员会申请仲裁，劳动合同履行地不明确的，可以向用人单位所在地的劳动争议仲裁委员会申请仲裁。

— 问题拆解 —

　　仲裁，是指由双方当事人协议将争议提交（具有公认地位的）第三方，由该第三方对争议的是非曲直进行评判并做出裁决的一种解决争议的方法，是解决民事争议的方式之一。劳动仲裁是劳动诉讼的前置条件。

应对策略

《劳动人事争议仲裁办案规则》

第八条　劳动合同履行地为劳动者实际工作场所地，用人单位所在地为用人单位注册、登记地或者主要办事机构所在地。用人单位未经注册、登记的，其出资人、开办单位或者主管部门所在地为用人单位所在地。

双方当事人分别向劳动合同履行地和用人单位所在地的仲裁委员会申请仲裁的，由劳动合同履行地的仲裁委员会管辖。有多个劳动合同履行地的，由最先受理的仲裁委员会管辖。劳动合同履行地不明确的，由用人单位所在地的仲裁委员会管辖。

案件受理后，劳动合同履行地或者用人单位所在地发生变化的，不改变争议仲裁的管辖。

第九条　仲裁委员会发现已受理案件不属于其管辖范围的，应当移送至有管辖权的仲裁委员会，并书面通知当事人。

对上述移送案件，受移送的仲裁委员会应当依法受理。受移送的仲裁委员会认为移送的案件按照规定不属于其管辖，或者仲裁委员会之间因管辖争议协商不成的，应当报请共同的上一级仲裁委员会主管部门指定管辖。

劳动者申请仲裁的通用流程

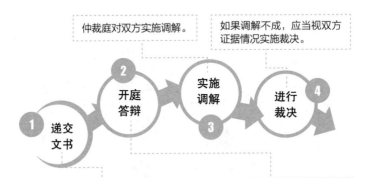

6.2.2　如何判定劳动仲裁时效和审理时限

 🔒 问题场景

1　离职时，对用人单位有些违反劳动法和劳动合同的行为，我敢怒不敢言，离职后我要好好想一想到底要不要申请劳动仲裁。

2　建议你尽快做出决定，因为劳动仲裁是有时效的。

3　那假如过了劳动仲裁时效，我可以向人民法院提起诉讼，直接走诉讼程序吗？

4　可以是可以，不过你有权向人民法院提起诉讼，人民法院也有权因你已经超过仲裁申请期限而驳回你的诉讼请求。

5　劳动争议仲裁委员会需要多久做出裁决呢？

6　一般自受理仲裁申请之日起45日内。案情复杂需延期的，会书面通知当事人，延长期限不超过15日。逾期未作出仲裁裁决的，当事人可以就该劳动争议事项向人民法院提起诉讼。

—— ● 问题拆解 ● ——

　　劳动仲裁并不是想什么时候申请就什么时候申请，而是有时效限制的。假如没有正当理由或不可抗力而过了劳动仲裁的时效，劳动者将会失去申诉的权利，劳动争议仲裁委员会将不予受理。另外，劳动仲裁对劳动争议案件的裁决也是有时限的。

应对策略

《中华人民共和国劳动争议调解仲裁法》

第二十七条 劳动争议申请仲裁的时效期间为一年。仲裁时效期间从当事人知道或者应当知道其权利被侵害之日起计算。

前款规定的仲裁时效，因当事人一方向对方当事人主张权利，或者向有关部门请求权利救济，或者对方当事人同意履行义务而中断。从中断时起，仲裁时效期间重新计算。

因不可抗力或者有其他正当理由，当事人不能在本条第一款规定的仲裁时效期间申请仲裁的，仲裁时效中止。从中止时效的原因消除之日起，仲裁时效期间继续计算。

劳动关系存续期间因拖欠劳动报酬发生争议的，劳动者申请仲裁不受本条第一款规定的仲裁时效期间的限制；但是，劳动关系终止的，应当自劳动关系终止之日起一年内提出。

第四十三条 仲裁庭裁决劳动争议案件，应当自劳动争议仲裁委员会受理仲裁申请之日起四十五日内结束。案情复杂需要延期的，经劳动争议仲裁委员会主任批准，可以延期并书面通知当事人，但是延长期限不得超过十五日。逾期未作出仲裁裁决的，当事人可以就该劳动争议事项向人民法院提起诉讼。

仲裁庭裁决劳动争议案件时，其中一部分事实已经清楚，可以就该部分先行裁决。

6.3 诉讼

6.3.1 劳动诉讼和劳动仲裁有何区别

 问题场景

1 如果对仲裁裁决不服，怎么办呢？可以向上一级的仲裁机构申诉吗？

2 仲裁只有"一审"，如果对仲裁裁决有异议，不是向上级仲裁机构申诉，而是向人民法院提起诉讼。

3 如果不向人民法院提起诉讼，可以不执行仲裁裁决吗？

4 如果 15 天内向人民法院提起诉讼，仲裁裁决不发生法律效力。人民法院应对该劳动争议进行全面审理，不受已完成仲裁的影响。

5 那应该向哪个人民法院提起诉讼呢？

6 劳动争议案件一般由劳动争议仲裁委员会所在地的人民法院受理。

• 问题拆解 •

　　仲裁裁决后，当事人如对仲裁裁决不服，应在收到裁决书后 15 日内向人民法院起诉。收到仲裁裁决后，当事人未在 15 日内起诉的，仲裁裁决发生法律效力，当事人应执行该仲裁裁决，否则对方可向人民法院申请强制执行；在 15 日内起诉的，仲裁裁决不发生法律效力，人民法院应当对该劳动争议进行全面审理，不受已完成的仲裁的影响。

应对策略

诉讼，是指国家审判机关即人民法院，依照法律规定，在当事人和其他诉讼参与人的参加下，依法解决讼争的活动。

劳动诉讼是指劳动争议当事人不服劳动争议仲裁委员会的裁决，在规定的期限内向人民法院起诉，人民法院受理后，依法对劳动争议案件进行审理的活动。劳动诉讼是解决劳动争议的最终程序。

此外，劳动诉讼还包括当事人一方不执行劳动争议仲裁委员会已发生法律效力的裁决书或调解书，另一方当事人申请人民法院强制执行的活动。

———●　劳动诉讼和劳动仲裁的 3 点区别　●———

劳动仲裁具有行政和司法的双重特征；劳动诉讼则是完全的司法性质。

劳动仲裁的法律依据主要是《中华人民共和国劳动法》和《中华人民共和国劳动合同法》这类劳动法律法规；劳动诉讼的法律依据除劳动法律法规外，还包括《中华人民共和国民事诉讼法》。

司法特征

法律依据

程序区别

劳动仲裁只有一审，裁决做出并送达后，仲裁程序即终结。当事人对仲裁裁决不服，不能向上级仲裁机构再行申请，只能向人民法院起诉进入诉讼程序；劳动诉讼有二审，一审结束后，如对一审判决不服，当事人可向上级人民法院上诉，第二审人民法院应对第一审人民法院判决所认定的事实和适用的法律进行全面审查。

6.3.2 用人单位不执行裁决或判决怎么办

🔒 问题场景

1 就算仲裁裁决或判决结果对我有利，但用人单位不执行仲裁裁决或判决结果，我又该怎么办呢？

2 不要慌，如果用人单位不执行裁决或判决，你可以向人民法院申请强制执行。

3 人民法院有权支配用人单位的资产吗？

4 人民法院并非支配用人单位的资产，而是可以对裁判文书中应当履行义务部分的资产实施合法处置。

5 如果用人单位不支付给我金钱，人民法院会怎么做呢？

6 人民法院有权查封、扣押、拍卖、变卖被申请执行人应当履行义务部分的财产。

● 问题拆解 ●

若用人单位超过仲裁裁决确定的履行期限不履行生效的劳动仲裁裁决书，劳动者可以向用人单位所在地或者财产所在地基层人民法院申请执行。用人单位逾期不履行生效的一审或二审民事判决书，劳动者可以向第一审人民法院或者与第一审人民法院同级的被执行的财产所在地人民法院申请执行。

《中华人民共和国民事诉讼法》

　　第二百五十四条　被执行人未按执行通知履行法律文书确定的义务，人民法院有权扣留、提取被执行人应当履行义务部分的收入。但应当保留被执行人及其所扶养家属的生活必需费用。

　　人民法院扣留、提取收入时，应当作出裁定，并发出协助执行通知书，被执行人所在单位、银行、信用合作社和其他有储蓄业务的单位必须办理。

　　第二百五十五条　被执行人未按执行通知履行法律文书确定的义务，人民法院有权查封、扣押、冻结、拍卖、变卖被执行人应当履行义务部分的财产。但应当保留被执行人及其所扶养家属的生活必需品。

　　采取前款措施，人民法院应当作出裁定。

劳动者申请强制执行需准备的资料

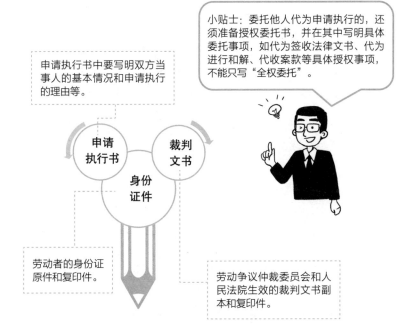

小贴士：委托他人代为申请执行的，还须准备授权委托书，并在其中写明具体委托事项，如代为签收法律文书、代为进行和解、代收案款等具体授权事项，不能只写"全权委托"。

申请执行书中要写明双方当事人的基本情况和申请执行的理由等。

申请执行书

裁判文书

身份证件

劳动者的身份证原件和复印件。

劳动争议仲裁委员会和人民法院生效的裁判文书副本和复印件。